回忆与散论

李之林

目 录

几点说明 1

我生命中的第一位女神 3

我和蛮子 6

插 队 20

 《插队》后记（1）.................................. 45

 《插队》后记（2）.................................. 47

关于小彦的一些回忆 48

 我和小彦 48

 G 和小彦 68

 海平和小彦 75

 结局 83

《蜗居》随想录 97

《美人》 102

爱与死 107

我对顾城事件的解读 110

关于顾乡的 122

关于谢烨 126

英儿 134

最后的话 137

后 记 141

鸣 谢 .... 竺凤 145

几点说明

（代 序）

  这本小册子所含的十多篇文章，除了《关于吴小彦的一些回忆》中的一、二、四部分写于 1980 外，其他的文字都是 2011 年后完成的。

  我本不是一个写手，什么题目都能做出文章来。我的这些文字，可以说全部都是有感而发。

  我的学历只是初中毕业，文化水平有限，只是对文字一直有很大的兴趣，也看过一些书。上个世纪八十年代，我曾经参加过自学高考，语文、哲学勉强过关，只有语言学概论考了 82 分，时至今日，想起来还有些得意。

  十多篇文章中，关于顾城的就占了近一半，其实我和顾城素昧生平，只是因为喜欢他的小说《英儿》，加上我自己就是个"双向情感障碍"的患者，所以这组文章不过是借他人的酒杯，浇自己的块垒而已。

  该说的都说了，就此打住。

我生命中的第一位女神

可能是因为从小体弱多病，自卑心理很重，所以我一向热衷于偶像崇拜。上小学的时候，我的偶像是学校里的跳高冠军。上中学后，我非常崇拜我们学校的足球队长。他叫洪元硕，后来是北京足球队的队长，还加入过国家队。他的最后一个身份是北京国安队的主教练。那一年，北京国安队拿到了中超联赛的冠军。只可惜天不假年，六十多岁就因癌症去世了。

以上两位都是男性，再这样崇拜下去，我的性倾向恐怕就要出问题了。

所幸上天让我在十三岁的时候见到了我生命中的第一位女神——乒乓球运动员郑敏之。

1963年，北京举办了一个"新兴力量运动会"。我在首都体育馆的看台上，第一次看到郑敏之打球，就不可救药地爱上了她。那一年，郑敏之18岁，我13岁。

在1965年第二十八届世界乒乓球锦标赛的团体赛上，中国女队一路过关斩将，杀入决赛。在决赛中，郑敏之和林慧卿以三比零战胜了日本队，首次取得女子团体冠军。

我开始收集报道乒乓球队的报纸杂志，只要看到有郑敏之的照片，就一律收藏起来。其中一本《人民画报》上，有一幅郑敏之和日本运动员关正子切磋技艺的照片，由于画面清晰，让我爱不释手。若干年后，我曾把这幅照片给张澎看，张澎说:"确实很美,长得特别细致。"这时我才想起宫小吉当年没追到手的一个姑娘,也属于"长得特别细致"的那一类。

1966年秋,北京各大单位都敞开大门,让革命群众进去看大字报。国家体委也不例外。我不辞辛苦,几乎每天都骑车去远在天坛公园东边的国家体委看大字报。

当然,我的主要目的不是去看大字报,而是去看我的女神郑敏之。这里的大字报也很有意思,比如说,我知道了国家级的运动员每天的伙食标准是五块六毛钱,还有那些不知名的运动员对著名运动员的羡慕嫉妒恨……

体委大楼的一层有一个运动员食堂,我经常会在食堂门口见到郑敏之,在我眼里,她比照片上更美。那时候的她,也不过 21 岁,总是和另一个乒乓球运动员胡玉兰腻在一起。

二楼是运动员宿舍,男女运动员都是双人间,只是女宿舍自带卫生间,而男运动员却需要去楼道里的公共卫生间解决问题。

当时我每隔一两天就会去体委看郑敏之,这时我有经验了:十一点半,我就会在不远处盯着食堂门口,总会等来她和她的伙伴出入食堂,这时候,我的心里总是暖暖的。

到了 1966 年的秋天,体委里忽然不见了乒乓球队员们的身影,我仔细一打听,才知道他们去各个大专院校看大字报的同时,还举行巡回表演赛。我家住在北大,离多数大专院校都不远,于是我就骑着自行车在各个大学里乱转。功夫不负有心人,我一共碰到他们四次,分别是在民族学院,地质学院,北大和清华。我至今还记得在民族学院那一次,当天刚刚下过雨,天已经黑了,我挤到郑敏之身边,清晰地听到李富荣用上海话对她说:"各额地朗相佛好坐额(这个地上不能坐的)。"

在乒乓球队的巡回表演赛结束之后,我就再也没有见到过我生命中的第一位女神郑敏之。

我和蛮子

初次见到薛蛮子是一九七一年初的一个夜晚，在北京火车站的站台上。我和我的同班同学商全去送我们的另一个同学钟解放回陕西。一同去送行的还有两个陌生的小伙子。

直到七一年底，还是钟解放，带我去了二龙路一个不大的宅院里，再次见到了这两个人。他们是亲兄弟，哥哥叫陈必久，外号老九；弟弟叫薛必群，外号蛮子。之所以兄弟俩不同姓，是因为蛮子从小就过继给了他的小姨和小姨夫。

看上去他们和钟解放是老朋友了，对我也非常热情。

那时候正值林彪事件发生后不久，不少年轻人都开始思考、探讨国家的命运。我和蛮子、老九、钟解放的友情就始于这种思考和探讨之中。很快又有一个朋友加入进来，他叫徐晓天，是蛮子在三十一中的同学。徐晓天还有一个大名鼎鼎的姐姐徐浩渊，曾是人大附中红卫兵的领袖。不过因为她为人行事比较霸道，我们一般都对她敬而远之。

那一年，我和钟解放、老九都是 22 岁，晓天 21 岁，蛮子 19 岁。我们五个人几乎天天聚在一起，地点就在蛮子和老九家后院的车库里，那也是他们兄弟俩的住处。

几个小伙子的聚会，当然不会总是谈政治，我们也聊文学，聊女人。还有一件乐事就是下馆子。

当时我，蛮子和钟解放都有家长给钱，老九是因为工伤在北京休养，东北兵团每个月发给他四十多块钱的工资，只有晓天比较拮据，他爸爸和蛮子的爸爸一样，都关在监狱里，妈妈在外地干校劳动，还被扣着工资。蛮子的妈妈也在外地干校，可工资还是照发。

那个年代朋友们一起下饭馆还没有AA制一说，都是赶上谁有钱谁请客。那时候物价也低，二龙路附近就有一家小饭馆"玉山居"，一个溜肉片才两毛五，配菜还得是黄瓜。我们几乎吃遍了北京所有的饭馆。

除了口腹之欲，我们还有精神需求，在那个年代，能满足这方面需求的就只有书了。蛮子、晓天认识几个社科院的子弟，借来一批内部出版的黄皮书（文学类）和灰皮书（政经类）。

文学类中最震撼我的莫过于卡夫卡的小说了。虽然我还不能真正理解卡夫卡作品内含的深意，但我却认定他就是我心目中最伟大的作家。

若干年后我读到一篇小说，里面讲到一个来自农村的士兵，每天都把《毛主席语录》捧在手里。后来人们才发现他根本就不识字。他说："这是毛主席为我们写的书，捧在手上心里就暖洋洋的。"

我觉得自己就是那个士兵，虽然我看不懂卡夫卡的作品，但是我知道，他的书就是为我这种人写的。

直到我步入中年，我才意识到自己的错误：卡夫卡的书并不是为我这种人写的，他的书写的就是我这种人。

在灰皮书中最重要的大概就是《新阶级》了，作者德热拉斯原是南斯拉夫共产党的领袖之一，也是铁托的战友。后来他背弃了对共产主义的信仰，写出了《新阶级》，用马克思主义的理论批判了社会主义制度。

当时我们看的书还有另外一个来源。

我们家隔壁住着一位清华大学无线电系青年教师，他虽然是教无线电的，却酷爱文学，特别是西方文学。在他家的一个壁橱里，有两千多本书，都是从旧书店里淘来的，基本上都是二十世纪上半叶出版的西方文学作品。

我借来的第一本书是雷马克的《凯旋门》。这本书不仅我们几个看了，大概还在北京的读书青年中转了一大圈，等到回到我们这里时，一本书已经变成两本了——在传看的过程中，这本出版了三十多年的书终于支撑不住，彻底裂成了两半，又被一位心灵手巧的读者装订成了两册。

七二年除夕夜，大家是在我家里度过的，除了我们五个人，还有蛮子姐姐陈必尹的男朋友梅山和我的同学商全。当时我爸爸在河北干校，妈妈在北京郊区。蛮子还带来一瓶茅台酒，我们七个人竟然没有喝完。

七二年发生了许多事：李海平加入到我们中间。

晓天的姐姐徐浩渊带着一个叫于小康的女孩子来到二龙路，她是于光远的女儿，只有十六岁，却已经在读相对论了。

四月里，我们认识了鲁燕生、鲁双芹兄妹，认识了岳重、栗世征两位诗人。还见到了吴小彦、吴彰姐弟和他们的邻居刘敏。

儿时的蛮子，住在西单附近的头发胡同一个三进的的大院子里，里边分别住着法学家张友渔，历史学家吴晗，统战部副部长薛子正（蛮子的爸爸）。这三个家庭有一个共同点：孩子都不是亲生的。张友渔的儿子张小渔和吴晗的一双儿女吴彰和吴小彦都来自孤儿院，蛮子的来历前面已经说过了。

蛮子和我，1972年夏摄于颐和园

吴小彦后来告诉我，他们小时候，三位父亲都有一些公务出国的机会，每位父亲回国时，都会带回同样款式的玩具分送给几个孩子。而这些玩具的下场每次都是一样：首先损毁玩具的总是张小渔，接下来就是吴小彦，而蛮子的玩具则始终保存完好。这似乎也预示了三个孩子日后的命运。

长大后的蛮子，书成为他的最爱。他不仅喜欢读书，还喜欢偷书。为了便于蛮子偷书，陈必尹专门在蛮子的一件棉大衣的衬里上缝了一个大口袋，之后蛮子每次去书店，总是有所斩获。但是天气热了，这招就没用了。于是蛮子拉上老九干了一票大的。他们夜袭了二龙路附近一个单位的图书馆，卷回来上百本书。那时候，图书馆大概是一个单位最不重要的部门了，所以事后也没有听说有什么人在追究。

我是个胆小如鼠的人，所以从来不敢参与这一类的活动。

七三年一月十号，晓天去了一个轻易回不来的地方。春节过后，钟解放和老九分别回了陕西和东北，曾经的"我们五个人"就剩下我和蛮子两个人了。

蛮子开始自学英语。他的学习能力惊人，第一个月就背了两千多个单词。他还隔三差五地来我家，向我妈妈请教英语方面的问题。

那期间，我和蛮子经常去各处下馆子。当时的北京，食客多，餐厅少，"拼桌"是常事。所谓"拼桌"，就是你不得不和陌生人在同一张桌子上各吃各的饭菜。每当碰到这种情况，蛮子都会和我低声耳语，猜测同桌的陌生人相互之间是什么关系。

有一次，我们俩来到四川饭店的小吃部吃凉面。可能因为是下午，食客不多。我们刚坐下，就发现距离我们不远一张桌子旁边，坐着一对身着军装的青年男女，小伙子相貌平平，可那姑娘却是国色天香，美得令人心碎。我和蛮子都看呆了，完全忘了自己身在何处。过了一会儿，那一对男女站起身走出大门，我和蛮子不约而同跟了出去，只见那两人各自骑上一辆当时极其少见的摩托车，绝尘而去。

呆了半晌，我问蛮子："想什么呢？"

"《洛神赋》。"蛮子说，"你呢？"

"车走雷声语未通。"

那时候，我和蛮子几乎无话不谈，他甚至对我讲了他的初恋。

蛮子算得上是个美男子，一米七六的个头，齿白唇红，不过他不属于那种硬线条的"好汉型"（比如诗人岳重），而是类似时下流行的"小鲜肉"，但是他绝无娘娘相娘娘腔，而是会让人联想到明末清初的美男子冒辟疆。当时的我，不知哪儿来的自信，竟然要与他比美，于是"我与北城徐公孰美"就成了我们之间的一句玩笑话。

蛮子的确招女孩儿喜欢，有些胆子大的会主动对他示好，但总是被他一两句玩笑话就打发掉了。

不过凡事都有例外。

一天，我和蛮子正在二龙路的车库里聊天，一位名叫杨百泉（音）的姑娘闯了进来，声色俱厉地质问蛮子："薛蛮子，你凭什么对别人说我想跟你好？我根本就不喜欢你！"言罢，拂袖而去，搞得蛮子十分尴尬。事后，我和蛮子的话语中又多了一个词："女中豪杰杨百泉"。

其实，蛮子跟我不同，既不滥情亦非无情（这两种毛病我都有）。他一直对一个女孩儿情有独钟。那个女孩儿甜美可人，西单照相馆的橱窗里就摆放着她的一张照片。认识她的人都叫她小四毛。对小四毛，蛮子并不是像有人以为的那样是单相思。两个人见过、约会过，至于有没有上过床，以我对蛮子的了解，应该是没有。否则，他也不会至今都对小四毛念念不忘。

大约是1974年，蛮子的妈妈从干校回到北京，单位在劈柴胡同的一个院子里分给她一间十多平米的小屋，蛮子就从二龙路搬过去跟他妈妈住在一起了。同时，二龙路的院子也进行了改建，原来的大门和通往后院的过道都堵死了，东墙上开了一扇小门，大门洞则改造成为一个房间。老九从东北兵团回到北京后就住在里边,一住就是二十多年。车库和车库里的聚会从此不复存在。

这时,蛮子的英语学习已经取得了很大的成绩,能读能说能写。有一次,我们去东安市场南边的和平餐厅吃冰激凌,邻桌坐着几个金发碧眼的姑娘。连我都没想到,蛮子竟然用英语和其中一个姑娘搭起话来。这在当时,可是犯了大忌的。很快,就有一个中年男子在附近一张桌子边坐下来,胳膊下面夹着一个黑皮包,不吃不喝不说话,只是死死地盯着蛮子。

最后,我们总算是平安无事地离开了餐厅。

我在香港有个舅舅,一次,他给我寄来一个索尼牌的录音机和一盒磁带。当时,这样的东西在国内的市场上还见不到。结果,蛮子在我家看到了,喜欢得不行,希望我卖给他。我想他在学英语,确实也需要有个录音机,就卖给他了,成交价一百块钱。过了几天,我们俩在外面吃饭,他悄悄地告诉我,那个录音机,他在他妈妈那儿报销了六百块钱。

这是我第一次领教了薛蛮子赚钱的本领。

1975 年,蛮子的爸爸薛子正终于放出来了,还补发了工资。一家人搬到了景山东街 8 号。

蛮子很有女人缘,但是在朋友圈之外的男人们,却有许多人不喜欢他,视他为一个言语刻薄,拈花惹草的恶少。在他搬进景山东街后不久,就有一位姓范的"好汉"约上几个伙计,冒充警察,摆了他一道。这件事很快在北京的江湖上传开了,乐坏了不少人。我就曾亲眼目睹一个还算是蛮子朋友的人说起这件事,笑得在床上打跌。

1976 年,中国发生了几件大事:周,朱,毛相继离世;唐山大地震;"四人帮"倒台。

我们中间也发生一些事情,最重要的就是当时和海平在一起同居的吴小彦自杀身亡,时年22岁。不过因为她患精神分裂症已经三年,之前曾数次自杀未遂,所以她的死并不让我们太意外。

76年初,于小康带着一个漂亮姑娘来到景山东街,那姑娘名叫胡小平,是于小康的朋友。很快,胡小平就跟蛮子同居了,正式成为蛮子有名有实的女朋友。

1976年底的一天,我从景山东街8号出来,蛮子和小平送我到门口,突然,小平板起面孔,非常严肃地对我说:"李之林,以后你不要再来找蛮子了,这里不欢迎你。"惊诧之余,我看看蛮子,只见他站在一旁,面无表情,一言不发。

其实,胡小平对我和蛮子的关系早就有所不满,还迁怒于于小康。她不止一次说过:"你们三个人(我,蛮子,于小康)就会欺负老实人。"

不去就不去,反正我还有更重要的事情。

我爸爸74年春天查出直肠癌,在积水潭医院做了切除手术。术后两年多,身体状况还算不错。然而不久前,他在自己的肝部摸到了一个肿物,经过检查,诊断为癌症扩散。妈妈托朋友找到人民医院外科主任黄大夫。黄大夫说可以做一个剖腹探查,如果扩散范围不大,可以切除部分有病灶的肝脏。

于是,1977年一月,爸爸住进了人民医院,春节后做了剖腹探查的手术。可是打开胸腔后,发现扩散的范围超出了原来的预测,只好又重新缝合了胸腔……

三月里的一天下午,我正坐在爸爸床边,蛮子忽然走进病房，问候了爸爸之后，他把我拉出病房，要我送他到医院大门口。在我们并肩走向医院门口那十多分钟的时间里，谁也没有说话。

1977年5月24日，爸爸去世了。我的朋友们——包括蛮子和小平——都参加了追悼会。

1977夏天，离开了四年半的徐晓天终于回来了。似乎是因为他的归来，我与蛮子小平也和好了。

晓天回来后不久，一个他素未谋面的姑娘找到他，主动向他示爱。晓天有些不知所措，就让蛮子和小平帮他拿主意。蛮子打电话要我到他家去，我到了他家，晓天也在。

我对晓天说，那个姑娘我见过，确实漂亮，人也聪明，但是她的精神有问题。海平和小彦的悲剧殷鉴不远，以你徐晓天的身体状况，绝对招架不住。

蛮子对我的意见很反感，说："你什么时候变得这么无情无义了？"

我说："你别忘了，我跟吴小彦也一起待过三个月，深知精神疾病的杀伤力。"

最后，晓天总算是全身而退。

有一天，我在蛮子的书柜里发现了一本《愤怒的回顾》，这是五十年代英国文学流派"愤怒青年"的代表作。也是我们当年非常喜欢的一本书。我随意地翻了翻这本书，发现这本薄薄的印刷品中，竟然有三页是手抄的。我问蛮子是怎么回事，蛮子说，他好不容易在一家旧书店里找到这本书，买回来却发现其中缺了三页。于是他从图书馆借来一本不缺页的，让薛子正拿来三张白纸，对照着完整本把那缺失的三页用钢笔抄下来。

儿子的话就是圣旨，老头儿一边抄，一边嘟囔："这都是什么乱七八糟的。"

1977年恢复高考，胡小平考上了外语学院英语系。1978年恢复考研，蛮子考上了社科院历史所中西交流史专业，于小康考上了中科院计算所数理逻辑专业。

从考上大学和研究生开始，小平和蛮子就计划去美国留学。他们结识了一位美籍华裔姑娘周嘉禾，放下身段一味地讨好这位周小姐，估计还动用了薛子正的各种关系，胡小平终于在1979年去了美国，成为最早赴美留学的中国学生之一。

初到美国时，胡小平住在周嘉禾家里。有一天我去蛮子家，他拿出一封小平从美国写给他的信让我看，信写得悲悲戚戚，主要是讲述她初到美国后生活的艰辛和对蛮子的想念，还说到周嘉禾脾气不好，小平不时会受她的气，但是也只能忍着。

我看完信对蛮子说："刚到异国他乡，有这样的心情也是正常的。"

我的本意是想安慰蛮子，不料他却恼了，对我说："你这小子怎么越来越没同情心了？"

1980年初，蛮子也去了美国。临行前，我们俩在动物园门口碰了个头，我把吴作人送给我爸爸的一幅牦牛图交给他，我之所以样做，主要是想他到美国后，万一时运不济，这幅画也能换点儿钱。现在想来，我当时真是小看蛮子了。

蛮子去美国后不久，薛子正就去世了，享年75岁。

蛮子离开中国后，开始不时有信给我和晓天，讲一些在美国的生活和感受。还曾经寄过一盘录音带来，说到他对未来的想法。听上去那时候他就已经准备弃学从商了。后来他还托人带给我们一本书和一封信，信中说这是他近些年来看过的最好的一本书。

那本书就是胡兰成的《今生今世》。

渐渐的，蛮子的信越来越少，之后就基本上没有了。我们只是听人说，他在美国发了大财。

1990年，蛮子回了中国一趟，住在景山东街。当年的冒辟疆，如今变成了既不会唱歌也没有胡子的帕瓦罗蒂。他跟我们在一起聊天时总是有些心不在焉。

后来（不记得是哪一年了）蛮子和一个名叫陆宏亮的台湾商人合伙开办了一家公司，办公室就设在白石桥附近的奥林匹克饭店（那个饭店现在已经改名子了）。冬天，蛮子经常穿着一件深棕色毛皮大衣出入饭店。那件大衣我看着很不顺眼，因为它总是让我联想起墨索里尼的女婿齐亚诺，他曾经这样评价穿着貂皮大衣的戈林："就像一个准备去看歌剧的高级妓女。"

那个公司存在了几年，我也搞不清楚，总之蛮子很快就消失在茫茫人海中。有时又会突然冒出来，和小平一起请老朋友们吃顿饭。

2000年左右，晓天告诉我，蛮子和胡小平离婚了。这让我多少感到有些意外。

他们两人是在美国结婚的。当时还有一些中国留学生笑话他们傻，说是如果两个人各自找一个美国人结婚，早就能拿到绿卡了。这也是当时在美国的中国留学生常有的做法。而蛮子和小平却是共同生活，共同奋斗，终获成功。用小平的话说："我们是兄妹开荒。"

晓天说，他们离婚的原因之一是胡小平不能生育，加上蛮子另有新欢，所以离婚就是顺理成章的事了。

离婚归离婚，两个人在见老朋友的时候，总是一块儿出现，俨然还是一对恩爱夫妻。

在美国蛮子却已经与新人成婚，不久便先后诞下一儿一女。儿子名"薛宽"，女儿名"薛容"，合二而一，即是"宽容"。房龙有一本书，就叫这个名字。

2011年，我路过一个报亭，忽然看到一本名为《企业家》杂志的封面人物，竟是久违的薛蛮子。就买了一本。

回到家翻开一看，里面有一篇长达九页的文章，称蛮子为"天使投资第一人"。还附有六张蛮子的近照。通过这篇文章，我才知道，如今蛮子已经有了许多新朋友，大都是各行各业的风云人物。

不久，北京电视台又播出了一段对蛮子的专访，时长约30分钟。

蛮子还在网上开了微博，指点江山，扶危济困，一时间，成为风光无限的著名公知。

2013年2月18日，是蛮子60岁生日，他包下了北京工人体育馆，举办了一个生日派对，来客达两千多人。

老朋友们听到这件事，无不摇头叹息。

2013年8月23日蛮子因为嫖娼被抓，8月29日，央视《新闻联播》用了整整三分钟播放了蛮子在看守所里回答警察问询的视频。有人开玩笑说：这够政治局委员的级别了。

在网上，人们议论纷纷，那些曾经受到过蛮子帮助的人都惊呼"不敢相信。"也有个别人提出质疑：薛蛮子那么有钱，为什么不包养小三小四小五，却偏偏去嫖娼？其实这个问题蛮子早就对我和晓天解释过了。

一次，蛮子请我和晓天吃饭，他说做爱是一种很好的锻炼身体的方式，于是我问他那你为什么不养个情妇，他说还是去找性工作者更道德，用钱买来的性是最干净的。

蛮子在里面关了七个月才以取保候审的名义获得释放。

蛮子出来后收敛了不少，微博上再也不发有关政治方面的议论，而是一门心思地搞他的投资。

2016年4月，鲁双芹和几个朋友一起，举办了一个名为《七十年代》的展览，展品主要是一些七十年代的文字和照片，其中就有我和蛮子1972年的一张合影。

我和蛮子同一天来到展览地点，在四十四年前的合影下面再次合影。

注：下一页的照片是2016年5月的一天，在北京《七十年代》展览上在场所有人的合影。很可惜，那天我和蛮子两个人的合影现在找不到了。

前排左起:我、粟世征、薛蛮子、李海平、戈毅
后排左起:成蹊、鲁晓芹、刘秋丽、鲁双芹、郭北玲、郭北阳

插 队

左起 张宗璐、顾刚、李之林、林志安

一

1968 年 12 月初,我和我的三个同班同学张宗璐,顾刚,林志安来到山西省榆次县插队。

数百年来,就有"金太谷银榆次"的说法。不过我们去的地方是榆次县石疙瘩公社高家山大队芦子岩生产队。一听这名字,就知道和金银没什么关系了。

芦子岩是一个位于榆次,寿阳,和顺三县交界处的一个小山村,只有二十来户八十多人。

这里离石疙瘩二十八里,离榆次县城八十里。公社和县城之间有时候会有一天一趟的公交车往来,只是没车的日子更多一些。

山西省 榆次县 石疙瘩公社 高家山大队 芦子岩村

由于交通不便,即使在八年抗战期间,日本鬼子也只来扫荡过一次,目的是要抢粮食。

这里农作物主要是谷子和玉米,麦田只有几十亩,还有莜麦和荞麦,再加上土豆和一些用来榨油的胡蒜,就是村里全部的农作物了。

村中谷子地里还种了一百多棵苹果树,年终分红就靠卖苹果得来的现金了。果树都有大小年,大年每个工(十分)七毛钱,小年就只有三毛钱了。

年终上缴了公粮,剩下的谷子和玉米就按人头分。分不是白给,每个劳动力得把他一年挣的工分换算成人民币,支付家里人的粮款，如果工分挣的多，支付粮款后还可拿到一些现金。可是有的人工分挣得不少，但因为家里人口多，分到粮食后反倒会欠队里的钱。

至于小麦、莜麦、荞麦、胡麻油，因为产量少，则是按户分。年成好的时候，一户可以分到十斤小麦，若干莜麦和荞麦，还有半斤胡麻油。

说到吃肉，就有点儿惨了。一年只能吃到两次猪肉，四五次羊肉。之所以羊肉吃的比较多，是因为杀猪要上税，杀羊不用。

我们初到村里时，生活很不习惯。饭要自己做，水要自己挑，柴要自己砍，而且因为村子坐落在山顶上，一出门就下坡，很少有平路可走。

第一次挑水，我们四个人下到半山腰的泉眼边，好不容易才用扁担勾住桶，打上两桶水来。开始是六七米的平路，一个人还能勉强挑着走，随后就是四五十度的上坡路了。我们两个人拎一桶，边爬边喘，等到终于把水桶拎到我们住的窑洞前时，四个人不约而同地倒在了地上，头昏脑胀，气喘吁吁，浑身无力，就像煤气中毒了一样。

到村里没几天，我们就跟农民一起下地劳动了。因为是冬闲时期，地里也没有多少活儿，不过就是平整平整土地而已。对于我们四个人来说，这正是适应山区生活难得的机会。

其实，年轻人的适应能力是很强的。第一次挑水，四个人用了半个小时，还洒了一半儿。不到一个月，我们中的任何一个人都能用二十分钟就挑上一担八十斤的水来。后来我还创造过一个挑水纪录：只用了八分钟就把一担水挑到窑洞门口。

再有就是砍柴，担柴的扁担和挑水、挑土、挑粪的扁担不一样，长达两米，两头是尖的，去砍柴还要带上两条绳子和一把镢头（锄头）。往南走三里路，就来到一片荒山，山沟里长满了低矮的灌木，这就是我们要砍的柴。我们用镢头把灌木的枝条砍下来，再用绳子把柴捆成两捆，把扁担的两头分别插进捆好的柴里，就可以担回村了。

李之林挑水走在上坡小道上

随着时间的推移，砍柴要走的路越来越长，不到三年，就从三里延长到八里，这直接说明了人类生活对自然植被的破坏。

因为我们去之前油已经分完了，队里就从仓库里拿出一块羊尾油给我们。我们把羊尾油炼出来，倒进一个瓦盆里。凝固的羊油硬邦邦的，就像一块大肥皂，吃的时候要用刀一点儿一点儿刮下来。除了土豆，没有任何其他东西可以当菜吃，不仅冬天是这样，一年到头都是这样。

羊油很膻，炒出的土豆片糊嘴。后来我们第一次回北京探亲，张宗璐带回来一大瓶熬好的猪油，里面还放了不少盐和花椒。用来炒土豆片就好吃多了。村里没有蔬菜，只是各家各户在自留地里种些萝卜，收获后切成条腌着吃。开始我们没有自留地，后来分到一小块，只有三四平米。我们不会种萝卜，只是种了一些葱。在自留地里干活儿的感觉特别好，跟在生产队里干活的感觉简直就有天壤之别。

村里没有电，仅有的电器就是我们带去的一个小半导体收音机和一个手电筒。千万不要小看了这个比巴掌大不了多少的半导体，因为地处远离城市的偏远山区，在这里收听"美国之音"非常清晰。所以我们就能在第一时间得知美国登月成功。也在第一时间听说了有一架中国飞机坠落在蒙古温都尔汗。

村里只有两个计时器，一个是张宗璐的手表，另一个就是喂牲口的成来栓的闹钟，因为牲口要吃夜草。不是有这么两句话吗？"人无横财不富，马无夜草不肥。"喂牲口的成来栓是大队的贫协主席，但总是偷队里喂牲口的玉米。我们来之前，曾有一年换了大四货去喂牲口，大四货为人正直，从来不会偷队里的东西，所以村里人才放心让他当仓库管理员。可喂牲口他不在行，一年下来，他喂的牲口不仅没长膘，反倒瘦了不少。

所以第二年，只能再让成来栓去喂牲口。

一般来说，每个劳动力出一天工挣一天工分，最好的劳动力干一天可以挣十分（一个工），不过也有些人的工分是固定的。在我们村，大队长，喂牲口的，牲口把式，放羊的，都是一年五千分。

公社干部到芦子岩村检查工作，
一排左2大队长成小俊
二排左2小队长成代胜

二

芦子岩生产队的队长是一个1942年入党的老党员，名叫成代胜，可是村里的晚辈都尊称他为"三货伯"。我插队之前，还从没有听说过人名字带有"货"字的，可是芦子岩一个村就有五个"货"：两个"三货"，两个"四货"，一个"二货"。为了区别同名的"货"，年纪大的叫"大三货""大四货"，年龄小的叫"小三货""小四货"。

在芦子岩，"成"是大姓，约占全村男性的百分之九十，还有几个姓宇，唯一一个例外是一个姓李的单身汉。

老队长（大三货成代胜）在整个高家山大队颇有威望，大队书记卢小儿是他的女婿，大队长成小俊是他的侄子。他为人刚直不阿，对当时的政治氛围非常不满。

有一次，我在他家和他聊天，他问我彭德怀到底犯了什么错误，我说彭德怀说大跃进人民公社搞错了。他听了在炕桌上猛击一掌，大声说："彭德怀说的对！"

还有一次，大队部通知，第二天下午，大队下属的三个小队全部停工半天，能走动的都要去高家山大队部领取毛主席语录。第二天下午，能去的都去了，只有老队长拒绝前往。当大家手捧近百本毛主席语录回到村里时，老队长问："你们去这半天就拿回来这点儿东西？"小三货举起手里的毛主席像说："还有四张毛主席像呢。"老队长冷笑了一声："哈，原来还有四个毛主席呢。"

可以这么说，在那个"以阶级斗争为纲"的年代，我们有幸来到了一个远离政治中心的小山村里。

三

我们村里有七八个光棍汉，一个年近五十，已经完全没有娶妻的可能了。还有两个年近四十的，也基本上没多大希望了。不过其中之一成丙儿在村里有个相好（有夫之妇），另一个宇大俊跟我关系不错，经常对我说起当年榆次城里那些"一毛钱就能关一次门"的场所。我听了有些纳闷:哪儿有那么便宜的妓院?难道那时候就有专门为穷人服务的性交易场所?

不光是芦子岩,整个石疙瘩公社所辖的各个村落里光棍儿都很多。原因很简单:平原上的姑娘没有一个愿意嫁到山里来,山里的姑娘又都盼着嫁到平原上去,所以山里的光棍儿就越来越多,多到当时的县领导不得不出台了一条政策:凡是关押在县城监狱里的女囚,只要没杀过人,只要愿意嫁给山里人,而山里人也愿意娶她,那么在两个人登记结婚后,女囚就可以当场获得释放。高家山就有这么一位,还是个北京人,三十不到,平头正脸,身材苗条,因诈骗入狱。娶她的是一个五十出头的老光棍儿。一进家门,那女的就说:"结婚的时候我没告诉你,我有病。"老头儿问:"你有什么病?""脏病。"老头儿吓得魂飞天外,立刻把她赶出门外。她自己在村里找了一孔空窑洞住下来,开始了自食其力的生活。虽然头上还戴着一顶"坏分子"的帽子,可毕竟已是自由身了。

村里的两个年纪不到三十的光棍儿骏马和正恒则另辟蹊径,去了黄河边的临县,在那里,两个人都找到了媳妇。之所以能如愿以偿,和临县的穷是密不可分的。临县的穷在整个山西省都是出了名的,把女儿嫁给外乡人是普遍现象。同时他们嫁女儿也是有条件的,那就是必须把他们全家都迁到未来女婿的家乡才能成婚。这可不是什么人都能做到的。然而我门村里的这两个光棍儿也非等闲之辈:骏马是大队长的堂弟;正恒是复员军人,大队的民兵连长。所以,不仅两个光棍儿很快脱了单,随之而来的还有秦、纪两户临县人家。不久,又有一户白姓昔阳人家因为不堪忍受村干部的欺压,投奔亲戚来到村里。就这样，原来只有八十多人的芦子岩，在不长的时间里，就增加到一百多人。

四

在我们四个人当中，我是家境最好的一个，也是最懒最脏的一个。我出工的天数最少，每年都欠队里的口粮钱；我总是第一个长虱子，我去了没半年，就学会了抽烟，一抽就是五十多年。他们三个始终都不抽烟，让我不得不佩服他们的意志力。现在都说，抽烟有百害而无一利。当时可不是这样。我由于抽烟，和村里人的关系混得最好。村里的男人，个个都抽烟，连十来岁的男孩儿也不例外。上了年纪的抽烟袋，年纪轻的自己卷烟抽，有时候兜里有了闲钱，也会买一毛三一包的"风竹"牌纸烟来换换口味。我没有烟袋，也不大会卷烟，所以，《风竹》牌纸烟一买就是两条。不仅自己抽，还会散给周围的随便什么人，我和村里人的良好关系，就是这么来的。要说关系好，有时候也是真好，有一次，他们三个人都回家探亲去了，有两个村里的年轻人桂生和春洛找上门来，要跟我拜把子，当时把我吓了一跳，因为我实在觉得我和他们的关系远没有好到要义结金兰的地步。最后总算是敷衍了事。

我们刚到村里时，村里人叫我们"插队生"，后来朝夕相处，越走越近，就叫我们"老插"了，我们也觉得这个称呼不错，从此就一直延用下去了。

我们下地劳动，每天挣六七个工分，和参加劳动的妇女差不多。山区本来没有妇女下地干活的习俗，后来毛主席号召"农业学大寨"，妇女们就在家待不住了，每天也得下地干活，年老体弱的除外，家里孩子多的除外。

李之林在知青居住的窑洞前

我们村里也开始实行"大寨记工法"，就是只记你一年劳动的天数，到年终结算的时候，再根据你一年来的劳动表现划分等级，比如说你劳动表现好，就可以划为一级，一天十分，差一点儿的，就是二级，一天九分，以此类推。然而那些拿固定工分的，不在此例。这样的办法跟过去唯一的区别就在于一个劳动力未来一年的温饱都紧紧地攥在领导手里。他说你好，你就是一级，他说你差，你就是二级三级四级。你好自为之吧。

有一年我回北京探亲，遇到一位北农大的老师，他说他秋天刚去过大寨参观，地里的庄稼的确长得好，而且好得不一般。

不过他很快就明白了其中的道理。他说，每年去大寨参观学习的人数以万计，吃喝都是公款，大寨一分钱也不用出。然而那些人的排泄物却留在了大寨，这就等于由国家花钱买了上百吨的农家肥白白送给了大寨，所以，大寨的庄稼能长得不好吗？

他的话让我茅塞顿开的同时，也让我想起了村里的一件糗事。

挑粪恐怕是村里最脏的活儿了。所有的男性劳力都要轮流干。这里所说的粪可不是牛粪马粪羊粪，而是人粪，说白了就是人的屎尿。村里家家户户都有自己的厕所，而且设计得相当合理：首先在自家窑洞旁边打一个洞，长宽高大约都是一米半左右，然后在地上挖一个大坑，放进一口大缸，上面再铺上两快石板，两块石板间距二十公分，这就是简单实用的厕所了。而且"肥水不流外人田"。最后这一点很重要，因为无论这一年一个工能值多少钱，一担屎尿卖给队里都是五毛钱。有个别人会往里面注水，不过都是乡里乡亲的，睁一只眼闭一只眼也就过去了。

至于我们几个人，则是简简单单地在隔壁的一孔空窑洞里挖了个大坑，就算是厕所了。

挑粪的工具是一根扁担（挑水的那种），两个方形的木桶，再加上一个长柄的粪勺。挑粪必须格外小心，挑水时水溅到身上并无大碍，要是粪溅到身上可就不那么美妙了。我们村里还有挑粪下坡时不慎滑倒，屎尿泼了一身的先例。

轮到我挑粪的那天，我特意穿了一套最破的衣裤，开始一家一家地掏粪挑粪送到地里。到了第三家时，他们家的一块石板不平，粪桶放不稳，我就在粪桶下面垫了一块小石头，等到粪桶掏满了，我小心翼翼地弯下腰，用扁担勾住粪桶的横梁，慢慢站起身来，不料粪桶刚离开石板，那块小石头就滑落到粪坑里，溅起了星星点点的粪花，其中一滴正好溅到我的嘴唇上。当时我真是欲哭无泪，只想到那两句俗语：狼走天下吃肉，狗走天下吃屎。

林志安是我们四个人当中家境最差的一个。他是家里六兄弟中的老三，他还有一兄一弟也在外地插队，他们兄弟间的往来信件都是夹在杂志里传递的。原因很简单：寄一封信邮资八分钱，寄一件印刷品邮资四分钱。

左林志安 右李之林劳动期间在场上休息

有一天傍晚，我们正在窑洞里吃晚饭：小米饭，羊油炒土豆片，忽然听到外面不远处传来"砰"的一声，过了不到十分钟，三个农民走进我们的窑洞，其中有一个是我们村的。一个外村人手里提着一只嘴角流着鲜血的狐狸。我们问村里人这是怎么回事，那人说，这只狐狸是用"药弹"炸死的，扒下皮可以卖十块钱。我们问"药弹"是什么，他一边说一边比划，最后我们总算是明白了个大概。原来"药弹"就是一个简单的爆炸装置：两块弧形铁皮中间放进一些火药，再夹上一小块火石，然后抹上羊油，在各个村落收工以后，就把药弹放在路边，这时如果有狐狸经过，闻到羊油的味道。就会上去咬一口，药弹在狐狸嘴里爆炸，把狐狸炸死，就可以得到一张完整的狐狸皮。

林志安心动了，问："哪儿能买到药弹？多少钱一个？"，"李庄就有，三块钱一个。"

林志安第二天就去了李庄，花九块钱买回来三个药弹。每天晚饭后出去放置药弹，早上天刚亮就得去把药弹拿回来。

一天清晨，天还没亮，就听见不远处"砰"的一声响，林志安一下子就从炕上蹦起来，穿上衣服冲出门去。我对张宗璐说："这下子林志安要发财了。"没过多久，林志安垂头丧气地走进窑洞，两手空空。我问他："你的狐狸呢？"他沮丧地摇摇头："我把李庄的狗炸死了。"

这麻烦可就大了，那条狗是李庄的牧羊犬。林志安不仅要照价赔偿，而且按照山里的规矩，在李庄买来新狗之前，林志安还要去李庄充当牧羊犬放羊。所幸山里人生性淳朴，心地善良，再加上老队长出面求情，林志安才没有赔钱，当狗放羊的事也免了。

五

在村里，一年三百六十五天，除了正月初一到十五，余下的时间是没有休息日的，下雨天除外——这是山里人的"特权"，因为雨天路滑，上下坡很有容易发生意外。

村里对我们几个"老插"的要求并不十分严格，我们有许多借口可以请假不出工：生病了，要砍柴，洗衣服，甚至去五里外的高家山供销社买东西也可以请半天假。我们四个人当中就数我请假的次数最多。有时候，我请了假，哪儿都不去，而是把自己反锁在窑洞里看书。我是带了两套书来到芦子岩的。一套是十卷本的《鲁迅全集》，另外一套是四卷本的《战争与和平》。对于我喜欢的书，我会反复阅读，《鲁迅全集》就是这样的书，我不仅精读了鲁迅的全部小说诗文，并且通读了书中所有的注解。

每年过了清明节，地里的活儿就越来越多，并且开始出早工。天刚蒙蒙亮就会被小队副丙儿呼叫下地干活儿的喊声惊醒，呼叫声中，还安排了干活儿的地点和所需的工具。出早工的都是有家室的劳动力，光棍儿们是不出早工的，因为他们（还有我们）需要自己做早饭，饭后还要把各家各户为出早工的人们做的早饭挑到地里去。

在地里的活计当中，最让"老插"们头大就是五月间的"数谷"了。"数谷"翻译成北京话就是"间苗"，"数谷"要蹲在地上用一把短锄（类似花锄）给谷子间苗，一蹲就是一天，"老插"们哪里有这般"蹲功"，所以就只能变蹲为跪，说白了就是双膝着地，一点一点向前爬行。用不了两天膝盖就磨破了，只好在膝盖部位裹上两条毛巾，继续坚持下去。村里人的蹲功可真是了得，他们在地里留下的脚印就如同加长的麦穗图案。老插们最不忿的是那些数谷高手在田间休息时，还蹲在地头抽烟！真是"宁可蹲着死，也不站着活"。

山里的季节大约要比平原晚一个月。七月初开始麦收，村里麦田不多，十天左右就能完成麦收的全过程。 别看时间不长,却是一年中最忙最累的十天。先是割麦子,天不亮就下地,看清了麦子就开始割,边割边捆,割完了这块地再去割下一块。

春天修整土地,劳动期间休息
最后一排左1李之林 左3林志安

我喜欢山区的原因之一,就是这里的地块都不大,我们村里最大的一块地只有十亩,还不是麦地。我在上中学的时候,曾经去北京郊区割过麦子。那里的麦田一块就是几百亩,一眼看不到头。每个人割两垅,手快的不用多长时间就把手慢的远远抛在了后面。孰优孰劣,一望便知。手慢的人会有很大的心理压力。而山区就不一样了。地块小,手快的三五分钟就能割到地头,再返回身来割另外两垅,时不时地就会跟手慢的碰个对头。地里的人参差不齐,压根儿就看不出来谁快谁慢。

村里的麦子都割完了,下一步就是要把捆在地里的麦子担回到场院上。也是天不亮就起身,一趟又一趟,一直担到天黑。担麦子的扁担就是担柴的那种,秋收时担谷子用的也是它。肩上担着一百多斤的麦子爬四五十度的陡坡也不是一件简单的事，不过在村里所有的活计中，挑担是我的强项。有一次，我担着一担柴走了八里路，回到村里一称，正好一百五十斤。没过几天，林志安也担回一担柴，也是一百五十斤，我们俩算是杀了个平手。

　　麦子全部担到场院后，就该脱粒了，我们把麦子平铺在场院上，牲口把式拉上一头骡子，后面拖着一个大石碾子，来回碾压场院上的麦子，我们则手持木叉，把碾过的麦子重新铺开，以便再次碾压，最终使麦粒与麦秸分开。随后就是扬场了，我们村里有一部木制搧车，这东西显然有年头了，上面还有一个民国初年五色国旗的图案。搧车虽旧，但是仍然很好用。搧车内有一个大风扇，两个人一边一个，用力摇动风扇两边的铁制把手，一个人站在上面用簸箕把麦粒麦秸一起撒下来，通过风口，较重的麦粒与较轻的麦秸落地时就会自然地分开，搧车对面的人用一把木铲把麦秸拨到一边，搧车下面的麦粒越积越多，多到一定程度，搧车就会停下来，让人把麦粒装进麻袋里，也让摇把手的人喘口气，然后继续工作。

　　当麦粒全部装进麻袋后，我们就要把整个场院打扫干净，再把麻袋里的麦子重新倒出来，平铺在场院上，因为刚刚割下的麦子里含有些许水分，必须要彻底晒干，才能入库。晒麦子最怕的就是下雨，一看天色不对，丙儿一声喊，所有的劳力都会立刻集中到场院上，争分夺秒地把麦子装进麻袋，扛进库里。就这么早出晚归，辛辛苦苦干上十天，到年终每户最多也只能分到十斤麦子。

六

村民使用搧车将麦粒与麦秸分离

收完麦子,就有一个多月的农闲期老插们可以利用这一个月回北京探亲,也可以随处闲逛,到其他的知青点去串门。我们对串门没多大兴趣,我和张宗璐会一起回北京,顾刚的家在石家庄,离这里更近。不过在走了二十八里到达石疙瘩时,常常会被告知:今天公交车没来。我们就不得不再步行五十多里路赶到榆次县火车站,这里下午五点钟有一列开往北京的慢车,到北京的车票是八块钱,到石家庄就更便宜了。慢车就是慢,不到五百公里的路程要走十个多小时,到达北京右安门火车站时,已经是早晨四点多了。我们下火车后,登上最早的一班公交车,顾不上回家,先在市区下车,找一家早点部,一人买上十个糖油饼大快朵颐。

在北京的日子总是过得很快,转眼间,又要回山西了。

我们回到村里时，秋收还没有开始。苹果却要收获了。

山区的苹果只有两个品种：国光和红元帅。在苹果收获前一个月，队里就会派一个劳动力，专门负责看苹果，以防有人偷盗。收苹果的那几天，全村的男女劳动力全部出工，一边摘，一边吃，摘苹果的时候吃苹果，是被允许的，不过老队长（他是村里种苹果的专家）给大家立了两条规矩：尽量挑被鸟叮过的苹果吃，因为这样的苹果是卖不出去的，而且很容易烂掉；摘苹果时不能损坏了花头。我也看不出哪里是花头，只知道花头关系到第二年苹果的收获，摘苹果的时候只要手轻一点儿就行了。被鸟叮过的苹果比没有被叮过的甜，只可惜为数不多，不够吃，所以大家就开始吃完好无损的苹果。挂在树上的红元帅比国光好吃，我曾有过一天吃八个红元帅的纪录。红元帅在摘下后三天内都很好吃，酥脆可口，然而过了三天，口感就迅速下滑，越来越面，而国光则始终是脆的。

等到苹果全部下了树，装进筐里后，任何人都不能白吃了。想吃就得买，村里人哪个也不富裕，谁还舍得买三毛多钱一斤的苹果吃。

收获的苹果只有两条销路，一是卖给大队供销社，由供销社再卖给国家。不过供销社给出的价格很低，没有多少利润可赚。二就是卖给专门的苹果贩子，他们给出的价格要比供销社高出两到三成，但是他们要求把苹果挑到距离石疙瘩五里的袁家峪才能成交。这样，村里的男劳力就得一人挑着两筐苹果走二十多里山路来到袁家峪，有几辆大车会等在那里，把苹果过称装车后，苹果贩子付了钱，交易就算完成了。

七

村里的男女之事比较乱，不仅副队长丙儿有个情人，就是未婚的青年男女也有私下里约会的，所谓约会，其实就是野合。大队长成小俊的女儿才十六岁，就和要跟我拜把子的春洛私下里往来密切。要说大队长的女儿世代贫农，父亲还是共产党员；而春洛的父亲是村里唯一的一个上中农，门不当，户不对，暗中却成了一对野鸳鸯。大队长不是不知道，就是不在乎。也许在他看来，两情相悦和结婚成家本来就是两回事。他自己就率先垂范。

自从昔阳白家搬来村里，小俊就跟白老汉俊俏的儿媳妇眉来眼去，白家本来就是因为在昔阳不堪忍受村干部的欺压才迁来芦子岩的，如今看见这般情景，无论白老汉还是他的儿子白小儿，都知道小俊是惹不得的，只能睁一只眼，闭一只眼，权当看不见。小俊却得寸进尺，最终还是把那女人睡了。并且还一而再，再而三，没完没了。

没过多久，这事就传到了小俊的老婆娥妮耳朵里。一天，全村的劳力都在村里最大的那块谷子地里数谷，田间休息后，娥妮突然破口大骂，因为她是寿阳人，口音和榆次人不大一样，所以我们几个老插听不太懂她在骂谁。可是地里其他人都把目光集中在小俊身上。开始小俊还忍着，但是身为大队长，当着全村劳力被老婆如此痛骂，小俊终于忍无可忍，站起身来，冲到娥妮跟前，一把揪住她的头发，拳脚相加，不一会儿，就把娥妮打倒在地，昏死过去。众人都围了上去，只见小俊一只手托起娥妮的头，用另一只手的拇指掐她的人中，娥妮慢慢睁开眼睛，看到小俊近在眼前，张口就咬住小俊的手，小俊忍着疼，用另一只手在娥妮头上猛击一掌，娥妮再次昏了过去。

村里的年轻人
一排左2骏马3桂生4成小俊5丙儿6春洛

后来还是丙儿劝走了小俊，娥妮也慢慢苏醒过来，被几个在地里劳动的妇女搀扶着回了家。经过娥妮的这一番大闹，小俊不得不和白小儿的媳妇断绝了往来。小俊这么做，并不是因为怕娥妮，也不是怕村里人议论，而是怕事情传到公社领导耳朵里，那对自己可就太不利了。那时候，对于基层干部的生活作风要求还是比较严格的。石疙瘩有一个中学老师就因为把一个女学生睡大了肚子，被学校开除。不过因为他是本地人，所以并未受到进一步的追究，并且还留在公社当了一个小干部。

八

有一天夜里，我们村的牲口棚子遭猛兽袭击，一头牛的喉部被咬伤，不能进食。所以队里决定，把这头牛杀了，把牛肉卖给大家。

在农民心目中，杀牛是伤天害理的事，因为牛跟猪羊不同，猪羊除了吃喝就是睡觉，杀了吃肉理所当然。而牛就不一样了；除了吃喝，每日还需辛苦劳作。最终要杀了吃肉，既对不起牛，也会得罪上天。只不过这头牛情况有些特殊：喉部受伤，不能进食，杀了是死，不杀也是死，杀了还可以卖肉，生产队也可以多一笔收入。

虽然决定要杀，却没有人敢下手。于是生产队就悬赏：谁杀牛，牛头就归谁，不要钱，白给。"重赏之下，必有勇夫"。两个人报名，一个是五十岁的光棍汉成千寿，估计他觉得自己反正是断子绝孙了，老天爷还能怎么惩罚我？另一个就是顾刚，他从小受的就是无神论的教育，根本就不信"天罚"。可是后来他又退缩了，因为他听人说：杀牛会溅上一身血，洗都洗不干净，而且牛死的时候还会流眼泪。我觉得既然身为老插，说话就该算数，不能出尔反尔，于是就说："你不去我去。"听说老插要杀牛，千寿也就不争了。

杀牛的地点设在村边的一块梯田里，那头牛的四个蹄子已经被捆住，躺倒在地，头伸出梯田外。有人递给我一把杀羊刀，我问："怎么杀？"递刀的人伸手指指牛颈部的一个凹陷处"从这里割开就行了。"我听了他的话，一只手抓住牛角，另一只手持刀从凹陷处割了进去，一方面是刀磨得快，一方面也是那人指点得当，不过几秒钟的功夫，我就非常顺利地割下了牛头，既没有溅上一身血，也没有看到牛流眼泪。

我提着牛头回到窑洞把牛头扔到外边的柴堆上,然后把案板和菜刀拿出来,把牛头放在案板上,想把牛头的皮完整地剥下来,然后把完整的牛皮钉在墙上,就像西方猎手会把鹿头钉在墙上一样。不成想剥皮比杀牛要难上百倍。最终我是刀砍斧剁,费尽九牛二虎之力,才把皮剥了下来,这时候的牛皮,早已碎成了几十片。

不过牛头还是很好吃的,因为那头牛本来就不大,牛头加上骨头,也不过四五斤,勉强够我们几个人吃一顿。煮牛头很简单,放进清水里煮熟就行了,不用加任何调味料——我们也没有任何调味料。牛头肉蘸着盐吃,美味无比。其中最好吃的部位就是牛舌,牛两腮上的肉,特别是牛眼睛周围的用来牵动眼球转动的那几缕肌肉,又香又嫩。

平时,小米饭土豆片吃腻了,也可以买村里人家的鸡蛋,七毛钱一斤。煎炒烹炸,怎么做都好吃。不过听村里人说,前几年鸡蛋只能卖给供销社,六毛九一斤。不仅不许卖给他人,自家也不许吃,有时候给孩子煮几个鸡蛋吃,还得挖个坑,把剥下来的鸡蛋壳埋起来,就如毁尸灭迹一般。这时我才知道,那时候城里人一个月吃到的那几个鸡蛋,就是这么从农民口中一个一个抠出来的。

九

我们到村里的第二年,公社要在袁家峪修一座石桥,以便从石疙瘩到李庄可以让大车通行。

主持修桥工作的是公社的一个小干部,名叫胡克安,就是那个曾经把女学生肚子搞大的中学教师。修桥的民工来自公社所辖的八个大队，每个大队出一个人。有的大队的民工是短工，一个月一换，比如高家山，有的大队派出的是长工，比如李庄。

李庄的长工原名郝上万，可是在榆次人口中，"郝""黑"不分，所以就给他改了姓，还起了个外号叫他"黑狼"。黑狼原来是临县人，她姐姐嫁给了李庄的一个单身汉，一家人也迁到了李庄。这样的外来户我们村也有，前面已经说过了。

工地上的活儿就是打眼放炮扛石头。这是我第一次见到黄色炸药，雷管，导火索。

山区里修桥的方式相当简单：先用直径约十公分左右的长木头加上钢管搭成一座桥架，在桥架上依次铺上木板，干草和泥巴，然后在上面放置一块一块尽可能整齐的石头，中间的缝隙用泥巴填充，形成桥面，最后从下面拆掉桥架，一座单孔石桥就完工了。

我去当民工的那一个月，桥架早就搭好了，桥面的石块也铺了近二分之一，剩下的工作已经不多了。

我虽然不怕挑担子，但是扛起石头来还是有些紧张。扛石头的时候，我得先蹲下来，低下头，另外两个人一边一个，把一块一百多斤的石块放在我肩上，随着一声喊："起！"，三个人同时站起身来，等我站稳了，旁边两个人就松了手，我自己一步步向前走去，到了桥面上，肩膀一歪，石头就落地了。刚开始扛石头的时候，腿还会打颤，不过很快就习惯了。扛着石头可以径直走向桥面，丢下石头再走回去扛下一块。

要论扛石头，谁也比不上黑狼，在我肩上放石头，两个人就行，在黑狼肩上放石头，却得四个人抬。有一天不知是临时起意还是早有预谋,四个人抬起一块约四百斤重的大石头放在了黑狼肩上,当黑狼站起身来,四个人便松了手。只见黑狼双手扶住肩上的石头,站了片刻,就开始一步一步向桥面走去。我看着黑狼的背影,觉得地面仿佛都随着他艰难的步伐在颤动。

黑狼终于走上了桥面,扔下石头,转过身来,默默地看着大家,两道鲜血从他的鼻孔中慢慢流淌下来……

不久,石头桥面铺好了。只要拆掉下边的桥架,就算基本上完工了。

在搭桥架的时候,已经在木头和木头之间预设了四块一寸多厚的木楔子,现在只要用大锤打掉这四块木楔子,桥架就会下落一寸多,这样,拆卸起来就会非常容易。打掉木楔子可是个力气活儿,胡克安指名要黑狼来干。黑狼往手心里吐了两口吐沫,抡起大锤就砸,砸了七八下,桥架开始晃动,砸到十四五下,第一块木楔子飞了出去,整个桥架轰然倒塌,幸亏几根被砸断的木柱支撑在一起,形成一个狭小的空间,黑狼恰恰就蹲在其中。

大家都吓得目瞪口呆,半天才缓过劲儿来,胡克安看到黑狼还待在原地不动,上前一把就把他拉了出来,一边破口大骂,一边拳打脚踢,黑狼忍无可忍,跳起来狠狠地揍了胡克安一拳,这一拳把胡克安打出两米开外,倒在了地上。黑狼随即转过身,向李庄方向走去。

这次事故总算没有死伤,胡克安虽然挨了黑狼一拳,但还是一颗心落了地,万一工地上死了人,他就吃不了兜着走了。

至于事故的原因,则是由于石头桥面铺的不合格,石头与石头间的缝隙过大,没有能真正挤在一起。导致了桥面和桥架同时倒塌。

✦

1972年初,晋中地区的几个工厂开始在北京知青们当中招工,三月,顾刚被阳泉铝氧厂招收,成为一名工人。六月,张宗璐和我被阳泉钢铁厂招收。当时我正在北京和一帮新认识的朋友们玩儿得兴高采烈,张宗璐打电报给我,告诉我分配的消息,我想都没想就回电说我不去。

我在北京玩儿了两年,直到1974年初,我办成了"病退"。我在榆次县知青办迁了户口,然后又回到芦子岩拿行李,那时候林志安正在北京探亲,我和村里人一一告别。我只在村里住了一个晚上,第二天一早,生产队派出一个牲口把式赶着一头骡子,驮着我的两个箱子一直送到石疙瘩。在那里我上了开往县城的公交车,当天晚上就登上前往北京的列车。

2018年12月10日张宗璐、顾刚、李之林、林志安聚会纪念插队50周年

《插队》后记（1）

顾刚于1979年6月转回石家庄，在一家电动工具厂上班，十八年间换了数个岗位，直至1997年因工厂效益不佳下岗自谋生路，2010年退休。

张宗璐于1985年9月在山西经济管理干部学院上了两年大学，毕业后再次回到阳泉钢铁厂。1992年1月调回北京，在朝阳区亚运村街道办事处工作，2009年退休。

林志安因为家里有海外关系，父亲一直戴着一顶"特嫌"的帽子，始终得不到分配。无奈之下，只能在他大哥的帮助下冒险服用了一种升压药物，才在榆次晋中医院开出"高血压，不适宜体力劳动"的证明，病退回北京。不久就被分配到西郊冷库工作。曾被派往当时的西德参观学习。回国后不久，却因为"擅离职守"被单位开除。之后一直在各个电话公司打工，2010年退休。

我于1974年10月被分配到海淀区电器厂当测试工，1995年自动离职。2010年退休。

2018年12月10日——顾刚特意从石家庄赶到北京，和我，张宗璐，林志安共同纪念我们到达芦子岩50周年。

2011年9月19日陈仲建开车陪李之林
回到芦子岩村看望

2017年5月11日陈仲建开车陪林志安、张宗璐
回到芦子岩村看望

《插队》后记（2）

　　2011年9月，我的一个同班同学陈仲建听说我心情一直不太好，就主动提出，要开车带我回榆次芦子岩看一看。而且他已经上网查了一下，小轿车可以一直可以开到芦子岩山下的永红沟。他的提议让我非常高兴。于是，9月下旬的一天早上，我们出发了。下午就到了晋中市——也就是当年的榆次县城。我们住进了晋中市唯一的一家三星级酒店。第二天吃过早饭就出发了。九点半，就到了长凝镇，这时，原来石疙瘩公社所有村落都隶属长凝镇政府了。

　　再往前开，就到了石疙瘩村，当年的公社所在地如今冷冷清清。接下来就经过袁家峪、李庄一直到了永红沟，袁家峪那座曾经倒塌差一点儿砸死黑狼的桥，现在修得整齐漂亮。我们把车停在永红沟，就开始爬山，不到一小时就到了芦子岩村口，走进村里，才发现十窑九空，原来一百多人的村庄只剩下不到十个人。我见到了小三货的哥哥成二货，老光棍成千寿，他已经八十二岁了，镇政府每年发给他两千元生活费。村里的一块谷子地里谷子长势喜人，然而地里的苹果树却早已死去很长时间了，连树皮都没有了。我问二货小三货现在在哪儿，二货说小三货前些年就死了，死于皮肤癌。

　　村里没有青壮年，没有儿童，只剩下不到十个老弱病残。

　　2017年，还是陈仲建，开车带着张宗璐和林志安，再一次去了芦子岩。这一次，村里只剩下三个人了：小三货八十多岁的老娘、他有智障的弟弟、再加上他弟弟有智障的儿子……。

2020年8月11日

关于小彦的一些回忆

我和小彦

一

我认识小彦,是在 1972 年 8 月初的一天。

蛮子和老久约我到颐和园去玩儿。那时候,我们都在北京闲着,即没有户口也没有工作,经常一起出去玩儿。这一次,同去的还有其他几个人,其中就有小彦姐弟。

在这之前,蛮子和老久都曾对我说起过她。蛮子小时候就认识她,后来分开了,直到一个月前才又通过另一个儿时的朋友找到了她。当时,她在一个锯条厂当车工,还不满十八岁,父母都已经去世,家里只有一个正在上初中的弟弟和一个年逾七十的老保姆。

那是一个星期日——锯条厂的休息日。我在颐和园门口找到蛮子,小彦就站在离他不远的地方。她穿一件白衬衫,个子比一般女孩子稍高,皮肤微黑,眉目之间,有点儿像印度或是巴基斯坦那一带的人。她身边是她的弟弟吴彰,一个又瘦又小的男孩子。和他们在一起的还有一个我不认识的姑娘 L,穿着一条黑裙子,她是小彦的好朋友。

我们爬山,游泳,划船。小彦坐在船尾,用脚打着水,她显得活泼,开朗,大方。在她身上,似乎找不到任何苦难留下的痕迹。

我们玩儿了整整一天,临走,大家在谐趣园一起照了一张相。

前排左起:张小渔、L、老九、吴彰、吴小彦
后排左起:陈巧南、江尚南、蛮子、我

2

一星期后,又是星期日,我们聚在老久家玩牌,打乒乓球,讲故事。小彦、吴彰和 L 都去了。

小彦说,她和吴彰很快就要到太原去看他们的婶婶。

那天,我看得多,说得少,一直在注意 L,和小彦相比,她很沉静。而我心里,用契柯夫的话说:"就像房子起了火"。

3

八月底,小彦从山西回到北京。在那一段时间里,我一直围着 L 转。终于，九月初的一天，在小彦家，L 答应了我。那天晚上，我骑着一辆破车，从丁家坑 2 号楼回到北京大学燕东园，只用了五十五分钟。而在这之前的几次和在这之后的许多次，我骑车走这段路所需要的时间从未少于过八十分钟。

4

十一月初的一天上午，我、老久、小彦、吴彰，一行四人，来到西郊八大处。我和老久的书包里装着小铁铲，小彦背着一个大书包，方方正正，里面是她妈妈的骨灰。

她要我们帮助她把骨灰埋掉。

我想找个僻静的角落。但是走到半山腰，小彦看到一块大石头上刻着一个斗大的"佛"字，就再也不肯往前走了，一定要把骨灰埋在石头跟前。

我们四个人轮流用两把掏炉灰的小铲子挖着，土很硬，里面至少有一半是大大小小的石头，所以进展很慢。

在不时有游人路过的地方，做这样一项工作，我有些不自在。不过在挖得出了一身汗之后，对于那些好奇的目光也就不大介意了。

接近完工的时候，我手里的铲子碰在一块坚硬的石头上，折断了，手上划了个口子。小彦用她的手绢给我包扎了一下。手绢是淡粉色的，上面还印着白兔子什么的。

最后，我们总算挖成了一个一尺见方，半尺多深的小坑。

小彦要我和老久下山去等他们。

我们向下走，到了看不见那块石头的地方就停了下来。这时候，上面隐隐约约传来低语和哭泣声——那是小彦和吴彰在向他们的妈妈告别。

5

大约十天以后，L一去不返了，原因之一是小彦有一天忽然问我："如果我喜欢你，你怎么办？"

第一个回答这个问题的不是我而是L，她走了。我敲破了一块玻璃，流了许多血。

面对小彦伸出的手，我曾想拒绝，也下过决心。一开始，我总把L的离去归咎于她。然而，每当我看到小彦那凄凉悲伤的神色，我的决心就消失了。

蛮子对我说，小彦受的苦太多了，她需要有一个人分担她精神上沉重的负担，不过蛮子并不认为小彦的选择很合适。

小彦对我说，她觉得我很稳。

蛮子是对的。

小彦错了。

而我自己，却想得很少。

L走后一个月，我成了小彦第一个正式的男朋友。

我亲她，她很害怕。她说，在这之前，只有她爸爸亲过她。

二

我开始经常到小彦家去。

文化革命一开始，小彦一家就从北长街一所宽大的住宅里搬到了丁家坑2号楼，住在四楼上一个两间一套的单元里。

父母死后，小彦自己住一间，另一间住着吴彰和那个老保姆，吴彰和小彦都叫她康大娘。

康大娘在小彦小时候照看过她。在父母死后，小彦向市委负责管理他们的那个机关提出要求，经同意后，由市委出钱——她爸爸的钱—雇康大娘来照顾他们姐弟。康大娘每月拿三十块钱，吴彰的生活费是二十五元，小彦正在学徒期间，工资是十八或是二十一，不足二十五的部分由市委出钱补齐。

康大娘七十多岁了，样子很凶，会做很硬的米饭和粗粉条熬白菜，有时候，小彦从外面带回两毛钱素丸子，也熬在一起。

这样的饭菜，似乎只有我一个人吃不惯。

小彦告诉我，康大娘知道许多古怪的事。什么活人变鬼，死人显灵等等。而小彦在向我转述这些故事的时候，却总是十分认真的。

我开始明白她一定要把她妈妈的骨灰葬在佛字下面的原因了。

2

小彦对我讲起许多往事。

在认识我之前，她曾和 P 等一些人有过来往。

她讲起 P，我才回忆起大约三年前，有一次我和官小吉在 P 家，见到一个小女孩儿，她问 P 她明天还上不上学。

"那就是我，"小彦说，"那时候，他们那儿就我一个人在上学。"

她曾到 P 插队的地方去玩儿，半路上被扣住了，因为怕人知道她是吴晗的女儿，她用了一个假名字，可是当人们叫这个名字的时候，她总也反应不过来是在叫她。

回到北京以后,她在学校里受到批判,不过这对她来说,实在算不了什么。

在 P 的朋友们当中,有一个人很喜欢小彦,但是他也很坦白地告诉小彦,如果他们家里反对这件事,他很可能受不了那样的压力。

"所以我没和他好。"小彦说。

吴晗袁震夫妇和儿时的小彦

3

小彦讲的最多的是她的妈妈和爸爸。

文化革命刚开始不久,一天夜里,妈妈叫醒了她,流着眼泪告诉她,她和弟弟不是爸爸妈妈亲生的,都是从孤儿院里抱来的。本来,希望能让他们过上好日子,可没想到现在却害了他们。妈妈让小彦天亮以后带着吴彰到派出所去改户口,说明他们不是吴晗的亲生女儿。

还不满十二岁的小彦带着弟弟去了,派出所的人看看户口本,只说了一句:"你们凑合着过吧。"就把他们打发出来。

后来,妈妈受到审查,关在机关里,小彦每天往返几十里去给患病的妈妈扎针。妈妈把小彦当作大人,对她说了许多对别人不能说的话。每次小彦离开妈妈的时候,妈妈总是在囚室的窗户里目送着她,一直到看不见为止。

最后妈妈病重,进了医院,临终的时候,小彦忽然觉得自己无论如何也不能在妈妈身边耽下去,她出去了。等她回到妈妈床前,妈妈已经死了,嘴张着,有人用一块白布把妈妈的脸兜起来。

小彦说,康大娘有一次在梦中看见了脸上兜着白布的妈妈。

"可是她从来没见过,怎么会梦见呢?"小彦问我。

4

小彦非常爱她的爸爸,爸爸生前也非常疼爱她。

小时候,每次爸爸回家晚了,总要把已经睡着的小彦弄醒,亲亲她,看着她笑。

文化革命开始以后,爸爸多次被揪斗,挨打,跪煤渣。小彦不止一次挺身而出,保护爸爸,不许那些围攻他的人打他。而确有几次,不知是因为同情,还是慑于这个十二三岁的小姑娘那不寻常的勇气,人们真的没有打她的爸爸。爸爸挨斗回来,高兴地说今天没有挨打,他称赞小彦:"还是我的女儿好。"

不久，爸爸被关进监狱。

在妈妈去世半年后的一天，市委派人来接小彦和吴彰。小彦以为是爸爸解放了，一路上不停地问接他们的人，"是不是我爸爸解放了？"

他们被带到医院。一间屋子里，站着七八个穿军装的人，为首的一个对他们说，吴晗昨天晚上死了，现在尸体就在隔壁房间里，允许他们去看。同时又说，吴晗很坏，要和他划清界线，否则……等等。

小彦没有去看爸爸，拉着弟弟走了。

就这样，两个从孤儿院里抱来的孩子重又成为孤儿。当时，小彦十五岁，吴彰十一岁。

5

小彦在对我讲那些往事的时候，没有眼泪，没有悲伤，只是显得很兴奋，说得又多又快，仿佛急于要把那些一直压在她心底的沉重的回忆倾泻出来，也许这样，她会感到轻松一些。

她有一个本子，断断续续地写着不多的几篇日记，在字里行间，我看到了我所没有听到的声音。

父母去世后，有一次小彦和同学们一起下乡劳动。

"今天，邮递员来了，给同学们带来了家信。只有我没有收到信，谁又会给我来信呢？双双（注：即吴彰）太小了，还不会写信。我只有熬着，熬着……"

在妈妈的问题有了结论后：

"今天，去八宝山，取妈妈的骨灰，我背着妈妈的骨灰盒走着。小时候，妈妈常常背我。现在，我长大了，能背妈妈了，背的却是妈妈的骨灰。我走着，走着，背上的骨灰盒好象越来越重，越来越重……"

……

甚至在日记里，小彦也不敢写到爸爸。

她给我看过一幅画，是她从前画的。画上是一个辫子上扎着蝴蝶结的小姑娘站在窗口，向窗外一个站在路上的人挥手，题为《告别》。

小彦说，原来这张画的题目叫《爸爸再见》，后来因为有人说，这表明她和她的反动爸爸划不清界线，因此才改成《告别》。

三

我和小彦在一起没有多久，就开始争吵。

先是小彦向我抱怨她的环境。她刚从锯条厂调到工艺美术厂。本来，这是她自己的愿望，市委法外施恩，特准她在学徒期间调动工作。可是到了新工厂，她又后悔了：工厂离家太远，又是集体所有制，最主要的是人不好，她断言：工艺美术厂的人不如锯条厂的人好。

我尽可能耐着性子给她解释，工厂都是一样的，工人也都差不多。可是她听不进去，仍旧是抱怨，我烦了，于是就争吵。不过后来我总算对她讲明白了：真正的原因不是环境变了，而是她自己变了。她长大了，已经不能像当初适应锯条厂一样去适应工艺美术厂了。

然而，即使她明白了这些，也不能让她释然。

很快，她又生我的气了。因为我没有把我们的事告诉家里，因为我不让她认识我的一些同学，因为我不和她一起去她三姨家。

我却认为这些都是不必要的，因为我是个"现代青年"，理应藐视一切繁文缛节。

小彦把我们的事写信告诉她在广州的大姨，大姨回信责备她不该和我这样的"无业青年"在一起。

小彦接到这封信，更忧郁了，她说到死。

2

当小彦第一次见到 H 的时候，就把心里想的一切都告诉了她。

在朋友们当中，远非每一个人都喜欢 H，但大多数人都或多或少对她怀有一种敬意，而她身上也确有值得尊敬的地方——我不光是指年龄和经历。

她安慰了小彦，又专门找我去，对我说，我应该告诉家里，应该让小彦认识我所有的同学，应该和她一起去她三姨家。此外，我还应该做许多事。因为，H 说，小彦需要过正常的生活。

我懂了，我试着去做。

妈妈听了我的话，有些不安，不知为什么，她担心小彦的精神会出毛病。不过她并没有表示反对。

我教小彦学英文，她学了几天，就不学了。

我给她借书，她看过几本，就不看了。

我们一起出去玩儿，但是玩的并不高兴。

当我认为我已经做了我所能做的一切，而小彦的情绪却越来越坏的时候，我失去了耐性，于是，又争吵。

3

73 年 1 月初的那几天，小彦的情绪似乎有些好转。7 号，她来我家玩了一天，我们比以往任何时候都和睦。晚饭后，我送她回家，一路上说说笑笑，一直送到丁家坑的路口。

分别的时候，她要我第二天别去找她，我问为什么，她只是笑笑，没有回答。

我回到家，铺床准备睡觉，拉开毯子，发现枕边有小彦的一块手绢，叠得整整齐齐。

就是那块淡粉色的，她曾用来给我包扎过手上的伤口。

我心里掠过一丝不详的阴影，但一瞬间也就过去了。

也许是她无意中失落的，我想，也许是她送给我的。我拉开抽屉，把手绢和前几天她用玻璃丝给我编的一朵小花放在一起——那是一朵很普通的花，几乎每个女孩子都要编几朵送人，或是栓在钥匙上。只是小彦编的这一朵颜色不太寻常——黑色。

那天晚上，我很快就睡着了。

4

尽管小彦说过要我别去找她，但是第二天晚上我还是去了，没有什么特别的理由，只是想看看她。

一进门，我就感到气氛不对。小彦躺在床上，沉睡着，屋里除了康大娘和吴彰，还有两个邻居家的女孩子，看见我来，她们都走了。

康大娘结结巴巴地告诉我，这天小彦直到中午还没起床，康大娘叫她，却怎么也叫不醒，老太太吓坏了，在几个邻居的帮助下，她和吴彰把小彦送进医院，检查结果，是吃了什么药，据医生说，没有危险，她自己会醒来的。

吴彰说，姐姐昨天晚上回来以后写了几封信，让他连夜投进邮筒。他只记得其中有给H的一封，其他的记不清了。

我什么都明白了。我告诉康大娘和吴彰我一会儿还回来，就马上去找H。

H还没有收到小彦的信。她说好第二天去看小彦。

我回到小彦家，让康大娘和吴彰去休息，自己守在小彦床边。

夜深了，小彦还没醒。我心里很乱，站在窗前，望着远处星星点点的灯火，一支接一支地抽烟。

这时，我才想起，我忘了给家里打个电话，告诉爸爸妈妈我不回去了。

我拉开书桌的抽屉，发现过去一直放在里面的许多信件和那个我看过的日记本都不见了。

我在一张沙发上度过了一个不眠之夜。

5

早上,小彦终于醒了。一开始,她似乎也不明白发生了什么事。随后,她看见我,笑了。

我尽可能温和地责备了她一通,她像一个小孩儿一样乖乖地听着。

我要康大娘照看小彦,自己去找蛮子和老久。

在西单附近,我迎面碰上了他们。他们看见我,都愣住了。

原来,他们一早收到了小彦的信,正准备去……去干什么,他们心里也没有底。

听到小彦的情况,他们放下了心,和我一起回到老久家。暂时,我们有比去看小彦更重要的问题要商量:如何才能防止小彦再寻短见。还有,小彦一时不可能去上班了,那么,如何去对付小彦的工厂和市委机关,也是一个急待解决的问题。

上午,我抽空给家里打了个电话,说我的一个同学住院了,我要去护理,可能几天不回家。

吃过午饭,我和蛮子老久一起回到小彦家,他们尽量给小彦开心,小彦听着,笑着,似乎什么也没想。

晚上,H来了,安慰了小彦许久。小彦说,因为怕牵连别人,她把所有的信件和日记本,连同一本记着一些地址的通讯录都烧了。

谈话中,H了解到,前几天,吴彰把大姨寄来的几十块钱丢了,于是她建议在和机关工厂打交道时,就以丢钱作为小彦吃药的理由。

小彦同意。我也觉得实在找不出比这更好的办法——我们必须为小彦的自杀寻找一个非政治性的理由。

我送 H 出来。H 说，她怀疑丢钱和康大娘有关。我本来就不喜欢康大娘，于是就接下去说了康大娘的许多坏处。H 听了，说出这样一个想法：不仅对机关工厂要提对康的怀疑，对小彦也要说，要使小彦觉得，之所以她活不好，完全因为康坏。而我们则要设法把康赶走。康一走，小彦就会对新的生活有所希望，从而不再产生自杀的念头。

我觉得 H 的话有道理，十分可行。

四

第二天一早，我让吴彰给小彦的工厂打电话，我自己则去市委机关，找一个姓范的人，据小彦说，范负责管理小彦和吴彰。

在传达室，我只说找范报告有关小彦的紧急情况。

很快，我就见到了范，这是一个四十多岁的军人，个子不高，人很精神。

根据统一好的口径，我向范讲了小彦吃药的大致经过，以及丢钱和对康的怀疑。

当我提到康是由机关出钱雇佣的时候，范连忙打断我，说雇康的时候他还没有来。

在详细地询问并记录了我的姓名住址，父母姓名及工作单位以后，范郑重其事地和我握手，对我提供的情况表示感谢，还说他过一两天就去看小彦。

回到小彦家，我把见范的经过讲了一遍，小彦似乎也产生了一些希望。

2

开始两天，大家都来看小彦，安慰她，给她开心。

我因为一时走不开，就让蛮子到我家去一趟，把这里的情况告诉爸爸妈妈，请他们放心。另外，再给我带点儿钱来。

蛮子回来的时候不仅带来了钱，还带来爸爸的一张字条和小彦给我的一封信。字条上说，因为着急，所以把小彦给你的信拆了，你要好好照顾她，尽早回家。

小彦的信写的很长，大意是说，她要去找她的爸爸妈妈了，她去以后，我要好好地生活，要向朋友们学习我没有的长处，信封里还装了几颗红豆。

我明白她的意思。她妈妈曾教她背过一些古诗，其中一首就是《红豆》：

红豆生南国，春来发几枝，
愿君多采颉，此物最相思。

3

1月10日，H家出事了，她很忙，不能来了。而机关工厂却迟迟不来人。

康大娘已经察觉到我们对她的怀疑，也变得颇为不安，一定要回家，我们认为她是急于要转移那几十块钱，但也没有办法，只好眼睁睁地看着她走了。她去了一天，回来的时候却已是喜气洋洋了，给小彦买了许多吃食，问她哪儿来的钱，她说家里卖了一口猪。

我和蛮子老久商量了一下，决定再去找范。

这一次，我在传达室等了半天，范才不慌不忙地走出来。

我问他为什么不去，他说正在等候指示。至于康，他表示，康是我们出钱雇的，但也是根据小彦自己的要求，这是个双方面的问题。

我想，再不精明的人也能听懂他的意思。他无非是说，如果康是好人，那是他们出钱雇的，如果康是坏人，那是根据小彦自己的要求。

我火了，范却不生气，他眯起眼睛看着我，微笑着，点起一支烟来。

4

就在找范的当天，小彦的自行车又丢了。

两天以后，范一行人及工艺美术工厂的一个书记终于来了。

他们和颜悦色地安慰了小彦一番，并表示，小彦这次去医院的药费和车费全部由工厂和机关负责报销。然后，他们又客客气气地请我回避，由他们先小彦后康大娘进行单独谈话。

他们走后，我问小彦他们都说些什么，小彦说，他们问我是否对她有过什么要求，比如户口，工作之类。

我怨不可遏，却无处发泄。

当晚，为了一点小事，我和小彦大吵了一架，一方面因为生气，另一方面也看到小彦一时不会再有什么危险的念头，于是，我回家去了。

在那张小沙发上，我睡了七个晚上。

5

我回家后没过几天，海淀派出所把我叫去，说是要我去报户口。可是到了那儿却问东问西，如果不是我碰巧知道他们在叫我去之前，曾经向邻居调查过我骑的是什么样的车，这种问法非把我问糊涂了不可。

他们怀疑我偷了小彦的钱和自行车。

毫无疑问，这是范做下的手脚，怪不得那天他看着我笑。不过平心而论，任何人处在他的地位上都会这样做的，而并非是他格外的坏。

就在派出所找我谈话的当天，小彦的车又找到了，所以，他们也就没有过多地麻烦我。

几天以后，小彦上班了。

五

小彦上班了，但我们的争吵并没有结束。

二月底，老久准备回东北，大家一起去吃饭，小彦就坐在我对面，大概是因为前几天刚吵过架，我心里很不痛快，喝了许多酒。

老久坐下午的车走。当时一张车票只能买两张站台票，而要去送行的人很多，所以，在老久走的那天上午，我说我先到北京站去想想办法。出乎意料，小彦要和我一起去，而在这之前，我们已经有好一阵谁也不理谁了。

在北京站，我们设法买到了几张站台票。

小彦要带我去坐地铁,那时候地铁刚开放不久,凭工作证买票,我连户口都没有,自然从未下去过。

我们从北京站一直坐到另一端的终点站,又从终点站坐回宣武门,中间还下过几次车,去看候车室。

在等车的时候,小彦一直站在月台边上。

送走老久后,我们和好了。这时,小彦才告诉我,她曾想在火车来的时候跳到铁轨上去。

"可是我害怕了。"

2

过了几天,我们又闹翻了,我有一星期没去找她,想到这样闹下去我无法忍受,如果她不改变,就随她去吧。

在家没事干,我就支起一块画板,临摹小彦的一张照片。

一天中午,她来了,看见照片,她说她以为我已经烧了。

看上去,她很不舒服。我让她去休息,她却从口袋里拿出一包烟来。

"你抽烟了?"我问。

她点点头,"你不是讲过吗?'烟很善良,比朋友更好'?"

真见鬼。这是雷马克的《生死存亡的年代》中的一句话。曾经有一次,她劝我戒烟,我就随口讲给她听,没想到她却记住了。

她说到死。我要她活着,为了那些爱她的人和恨她的人活下去。

她说现在还有人爱她,有人恨她,到了谁也想不到她的时候再去死,就太晚了。

死的念头一直缠绕着她,她说了又说,最后,我说,要死,我们一起去死。

第二天上午,我们约好在蛮子家见面,一看到我,小彦就把我拉到外面去,问我:"你还想死吗?"

外面天气很好。

我说:"我不想死了。"

她说:"我也不想死了。"

从这以后一直到她最后离开我,她再也没有提到过死。

3

不死的人是要活的。

小彦责备我"不想将来"。

这话是我自己说的,并且附带着还有一套半生不熟的理论。

小彦说,不想将来,就没有将来,应该想,还应该做。

她劝我先回山西去。如果我转不回来,她可以转去。

她的话我一句也听不进去。

"不想将来"的官司打了近一个月,最后,三月底的一个晚上,我们在纪念碑后的街心公园里见了面,她还想说服我,不想将来是不行的。

我只是坚持我的想法。

她沉默了许久,塞给我一封信,要我回家再看。

她要我送她回家。

我不干。

她走了。

我拆开她的信。

信不长，她说，她不能再和我在一起了。

大姨说她不该和"无业青年"在一起，三姨责备她不好好工作，我又"不想将来"，叫她怎么办呢？

所以，我们必须分开。

"祝你幸福。"

4

小彦走后，我非常难受。

我写信给她，想再见她一面，她没有回信，也没有来。

那几天，我坐立不安，但又无处可去。

当我明白她再也不会回来的时候，我狠狠心，把她给我的照片、信件，连同那块淡粉色的手绢和那朵黑花，一起烧了。

5

大约三个月后的一天，我正在家里和一些朋友说说笑笑，宫小吉来了。

他在屋里默默地坐了很久，最后把我拉到一边，悄悄地告诉我从 H 那里听到的消息：

"小彦疯了。"

我的心被扎了一刀，却又流不出血来。

G 和小彦

一

从73年3月到74年夏初，一年多的时间里，我基本上没有见过小彦。仅在73年底或74年初，在蛮子家碰到过她一次。那时她已经从安定医院出院了。我们没有说话，她甚至没有看我。

然而半年之后，当我再次在蛮子家见到她时，使我多少感到意外的是，她对我十分亲热，而且非常自然，完全像对待一个老朋友一样。她甚至问我她住院的时候为什么不去看她。

她告诉我，她现在的男朋友是她师傅的弟弟，姓郭，在外地工作。说着还拿出一张照片给我看。照片很小，照片上的人更小，我根本看不出那个人长得什么样。不过听上去小彦对他非常满意。

当我们一起从蛮子家出来的时候，她问我："我结婚的时候你来吗？"

结婚？她八月底生日，当时还不到二十岁。可她说这话的时候那认真的口气让人觉得仿佛她下个月，最迟是明年就能结婚似的。

2

在那以后，我不时能在蛮子或老久那里碰到她。对于我们过去在一起时的那些往事，她好象已经淡忘了，只是偶尔开玩笑似地提一提。

秋天，小彦突然不再说起那个姓郭的了，开始谈到 J。

这个人我听说过，但从未见过面。

J 是个军人，党员，大概还是个干部。据小彦说，他长得非常精神，很像当时正在上映的一部朝鲜电影中的一个什么人，为了这个——仅仅为了这个——这部电影小彦一连看了五遍。

那时候，我并不确切知道她和 J 之间到底是什么关系，总之时间不长，J 就离开北京了。

没过多久，小彦就在老久家碰到了 G。

二

G 是我的同班同学，当初，我就是通过他认识蛮子和老久的。那时候，我们几个人是很好的朋友，几乎天天在一起。

可是不久，G 就开始有意识地疏远大家。他曾不止一次地对我说过，他认为这些人都做不了什么大事，而他自己，则是想有所作为的。对他的这些话，我并不感到意外。远在文化革命前，他就表现出不同于一般人的志向与抱负。此外，他和我们几个人的性格，爱好也不大一样。所以，他对大家的疏远，我们也能谅解。本来，人各有志，分道扬镳也是十分自然的事情。

74 年，他想上大学，但是因为他爸爸还没有解放，未能如愿。回到北京以后，不知怎么又跟大家来往起来。

虽然他和我差不多同时认识小彦，但过去他和小彦一直不是很熟。可是这一次，他们却很快地相互接近了。

一天，G 告诉我，小彦想和他好。

2

G 有些犹豫不决，他征求大家的意见。

蛮子赞成。

老久不赞成，也不反对。

我反对。

我的理由很简单。我自以为了解小彦，也了解 G，我觉得他们在一起不会有什么好结果。另外，也应该估计到 G 的父母肯定是会反对的，而 G 相对我们来说，又是一个比较尊重父母意见的儿子。

很麻烦，我说。

G 同意我的意见，很麻烦，但他还是和小彦好了。也许他觉得，尽管是麻烦，却也是一个可爱的麻烦。也许他也像我当初一样，没有认真地考虑将来。

不论他开始怎么想，在和小彦好之后，他很快就表现出我在他身上从未见过的热烈的感情。

3

小彦和 G 好以后不久，她爸爸过去的一个警卫员 W 到北京出差，来到小彦家。W 在湖北的一所医院里工作，这次来京前曾受小彦在广州的大姨之托，来看望小彦和吴彰。

不知是 W 的到来还是小彦早有这个打算，小彦向 W 同时也向她大姨提出，要转到湖北 W 所在的医院去工作。和一年多以前一样，她仍旧认为工艺美术工厂不是个好地方。

小彦征求 G 的意见，G 似乎也没有主意。而这时，小彦的姑姑们却出来阻拦了，说吴家的人不能到袁家去（小彦的妈妈姓袁）。

这是我第一次知道小彦还有姑姑，并且不止一个，其中之一还是位副部长的夫人。而过去小彦和我在一起的时候，不但姑姑们从未出现过，就是小彦自己也没有对我说起过。那时侯，我只知道所谓"吴家人"，只有小彦在山西的一个婶婶——这个婶婶在小彦患病后曾来北京住过一阵，后来不知因为什么，不欢而散…，此外就只有袁家的大姨和三姨了，而她们对小彦姐弟的帮助一直是很大的。

可是这一次，吴家的姑姑们却以不容忽视的姿态出现了。虽然当时吴晗还没有结论，但几万元的存款已经发还，正由姑姑之一负责代管。

最后，各方面："吴家"、"袁家"、小彦、G、W 总算商定了一个折中的办法：让小彦先去湖北看看，回来后再做决定。

而 G 的父母是不在这"各方面"之中的，他们正因为儿子和小彦的关系而大发雷霆。

4

小彦曾去过 G 家，当面质问 G 的父母为什么反对她和 G 好，结果使二老十分尴尬，同时也更坚定了要把 G 和小彦拆散的决心。

应该说，他们的姿态是非常正常的—任何父母都很难接受一个有精神病的儿媳妇。至于是否还有其它原因，就不得而知了。

小彦去湖北后，G 的父母把我找去，要我帮助他们劝 G 马上回陕西以摆脱小彦。之所以找到我,是因为 G 曾告诉他们我的不同意见。于是,两位老人把我当作了同盟军,至少,也是一个在处理这件事上的有用之人。

我虽然开始反对过这件事,但其实也并无"立场"可言。然而 G 本人的动摇使我接受了他父母的委托,劝他回陕西——自然,我有我的劝法。

我对 G 说:我知道你对小彦有感情,但这种感情是否已经或者能够达到不顾一切的地步,你自己最清楚。所谓"一切":即父母,家庭,大学以至前途等等,而这些,你应该比我考虑得多。你可以权衡一下,如果你的感情真的到了不顾一切的地步,那么,不仅我,大家都会支持你;如果并不,那么,你最好——我用了一个不大好听的字眼儿——溜,马上溜,趁小彦不在北京,悄悄地溜回陕西去。这样对你,对爹妈,对小彦都有好处。

G 听着我的话,默默不语,只是一支接一支地抽烟。良久,他终于扔掉了快要烧到手指的烟头,说:

"我想我先回陕西去也好。"

5

小彦从湖北回来后去了 G 父母的的新居,并且把专门带给他们的土产烟酒放在他们面前的桌上。

两位老人惊吓之余,唯一的安慰就是想到儿子总算走了,现在离这个疯疯癫癫的姑娘已有千里之遥。

然而他们做梦也没想到,这个距离在一天之后就消失了。G 回来了,据他说是因为大雪封山,公路不通,没能回去。

差不多有一个星期,他没敢回家,一直住在老久家。不过后来还是回去了,至于他父母见到他回来时是什么情景,他自己没说,我们也不知道。

6

面对父母越来越激烈的反对,G 仍旧每天和小彦在一起。但是除了小彦,谁都看得清清楚楚,他心里非常矛盾。而对于那个几乎是不可避免的选择,他在躲,在拖……

他有他的感情,同时也有他难言的苦衷。

三

海平的话几乎让所有的人感到意外。

他对大家—首先是对 G—说,他非常喜欢小彦。不过如果 G 确实真心实意想和小彦好下去,那他可以远远地走开;如果 G 并不十分认真,那么他准备自己对小彦说,让小彦去选择。

对这件事,蛮子、老久、和我又都发表了自己的意见,我仍旧是反对派。

然而海平和 G 不同,他不要听我们的意见,他所需要的只是 G 的一句话。

G 很为难,他只表示,如果海平一定要对小彦说,他不禁止。

不管是对海平还是小彦,G 的这一态度也就足以促成他们两人的结合。至于这中间的细节,也许已经没有人记得了,而我本来就不十分清楚。

2

海平和小彦好了，G 的一切矛盾也就迎刃而解了，可是他心里很不好受——无论如何，小彦毕竟是他第一个女朋友。

G 对我说，尽管他在和小彦好的时候有许多矛盾，但现在他只想到小彦的好处，"就像想到一个不在你身边的朋友一样。"

我明白他的意思。

而小彦却恨起 G 来，原因大概是海平把 G 对他说的一些话告诉了小彦。

一天，冤家路窄，小彦碰到了 G，当面就骂。我好容易才把小彦劝到一边。小彦哭了，哭得很伤心，她说如果海平也像 G 一样，她怎么办呢？我安慰她，对他说海平不仅和 G 不一样，而且也是我们之中最好的一个。至于 G，无论他如何不好，都已经是过去的事了。我劝他多想想海平，少想想 G，好好过日子⋯

我说了许多，小彦才慢慢不哭了，她后来甚至还向 G 说了声"对不起"。

3

离开小彦以后，G 在很长一段时间内一直对小彦念念不忘。75 年春天，当他听说小彦身体不好，经济也比较困难时，就悄悄拿出钱来，通过一个朋友给小彦订了牛奶。

他怀着这样的感情一直到 75 年夏末⋯⋯

海平和小彦

一

小彦和海平很快就同居了。

海平是个胆大包天的好汉，他要是活在北宋，梁山好汉就不止 108 个了。不过他与宋江杨雄不同，一方面喜欢女色，另一方面喜欢读书学习。

他曾经请鲁燕生一起，把吴晗遗留的两千多册书籍整理了一遍。

前文说到的那个 J 曾经和两个朋友一起来找小彦，海平一见到 J，二话不说，从厨房里抄起一把菜刀冲了出来，那两个朋友连忙拦住了他，J 才得以全身而退。我问过海平，何以恨 J 到了要动刀的地步，海平这时才告诉了我其中的原委。J 在 G 之前，就曾进入过小彦的生活。J 长得很帅，小彦也很喜欢他。认识了没多久，小彦就把自己的第一次给了他。不料 J 见到小彦的血，竟然吓哭了。他对小彦说，他立志要在军队里发展，不想因为小彦而耽误前程。

J 回到部队后，小彦给他写信，一连几封信都没有回音。最后总算是回了一封信，信中说：小彦给他的信被领导发现了，要处分他，他求小彦不要再给他写信了。

海平认为 J 夺去了小彦的第一次，还不想负责，满口谎言，就是个大骗子，大混蛋。

二

1975年初春，小彦怀孕了，狗胆包天的海平从海军医院偷了两支天花粉，给小彦注射了，当天就打下了一个已经成形的胎儿。所幸小彦身体底子好，才没出什么大事。休息了几天就好了。

可是朋友们看在眼里，总觉得这样下去不是办法，就劝他们两个去上班。本来他们也都有各自的工作单位：小彦还在工艺美术工厂，海平的单位是位于通县的冷冻机械厂。然而他们总是找出各种各样的借口不去上班。朋友们只能是再三劝说。

终于，8月里的一天，海平打电话到我厂里，说他要去上班了，就是没钱买月票，要我把月票借给他。当时，每个员工都可以花5块钱买一张城郊通用月票，乘坐公共交通上下班，买月票的钱工厂报销。我是骑自行车上下班，月票一般用不着，我告诉他下班以后就给他送过去。

等到我下班到了小彦家，偏偏家里没人，我就写了一张纸条：海平，我的月票借人了，现在给你5块钱买月票，好好上班。我在纸条里夹了5块钱，塞进门缝里，就骑车走了。刚过永定门，海平就骑车追上了我，说他们刚才买菜去了，回家看到我留下的字条，就追了上来，要我回去跟他们一起吃饭。于是我们就一起回去了。

回到他们家，海平又炒了两个菜，饭菜都上了桌，我们还没来得及动筷子，就听见有人敲门，吴彰去开了门，一下子涌进来七八个身穿白制服的警察。

当时正值邓小平主政，凡事都要讲规矩。为首的一个从黑皮包里拿出三张纸，问："我们是崇文分局的，谁是吴小彦？"

小彦说:"是我。"

"公安局传讯你!谁是李海平?"

海平说:"是我。"

"公安局传讯你!谁是吴彰?"

吴彰说:"是我。"

"我们奉命搜查你家!"

小彦和海平分别在传讯证上签了字,就被四个警察带走了。吴彰也在搜查证上签了字。

"你是谁?"那个警察问我。

"我是吴小彦和李海平的朋友。"

"你跟我下去一趟。"

我跟着那个警察下了楼,走进一个门口挂着《治安办公室》的房间。警察让我坐下,我就坐下,面对着一张办公桌,警察在桌子的另一边坐下,拿出一个笔记本和一支笔,先查看了我的工作证并且纪录在他的本子上,然后详细地询问了我父母的工作单位和职务。最后问了我一个问题:"你觉得吴小彦生活作风怎么样?"

我说:"我没有觉得有什么问题。"

他看了我一眼,就让我走了。

在回家的路上,我顺便去找了老九和 G,告诉他们刚刚发生的事,当时,老九在北京特种钢铁厂工作,G 则不久前被分配到北京图书馆。

过了十多天,两个中年警察骑着警用摩托车来到我们厂,找我问话。那天正好厂里着急全体班组长开会,因为没有会议室,二十多个班组长就坐在楼道里,他们身边就是警察找我问话的房间。

  房间靠窗摆放着两张拼在一起的办公桌，两个警察分别坐在两边，我面向窗户坐在一把椅子上，我们三人正好形成一个等边三角形。

  两个警察开始盘问我小彦和海平的事情，一个提问题，一个做笔录。我老老实实一一作答。随着时间的推移，我心里也越来越有底气，因为从他们的问题中，我能察觉出，小彦和海平在里面都没有胡说八道。警察的问题总是围绕着小彦的"生活作风"，我除了承认我知道小彦和海平是在同居之外，其他的问题一律回答"不知道。"那个提问题的警察情急之下，突然猛地拍了一下桌子，吼道："你知道什么？就知道和一群流氓鬼混！"我出于本能也拍了桌子，大声说："我就是不知道！"这时，一直在门外的车间书记连忙开门走进来，给我们一人倒了一杯水，这才缓解了室内紧张的气氛。警察把笔录让我看了一遍，我觉得没有多大出入，就签了字。

  本来，警察来厂里找我，班组长们就在嘀咕，不知道我犯了什么事。后来听见我跟警察相互拍桌子，就明白我没事。这比我贴一张自证清白的大字报还管用。

  过了两天，我去找老九，他告诉我警察也找过他，也没问出什么来。我又去找 G，警察也去找他了，而且还找了两次。他告诉我，警察问他为什么跟小彦分手，他说他和小彦性格不同，小彦不读书，他喜欢看书学习，小彦爱花钱，他艰苦朴素。我实在有些听不下去了，就说，小彦已经身陷囹圄，你再说这种话不太合适。G 默默无语，点起一支烟来。

三

过了二十多天,海平放出来了。他直接回到小彦家,开始为小彦写申诉,并且把一切责任都揽到自己身上。数封申诉信送到公安局,送到市委,都如同泥牛入海。于是,海平索性背上个铺盖卷,每天去崇文分局,要求把小彦放出来,把自己关进去。没人搭理他,他就坐在门口不走。一连七八天,才有一个警察悄悄地告诉他:小彦已经被送到安定医院去了。

海平知道他自己一时还不能去医院看小彦,就托我去一趟。

我第一次来到安定医院,精神病院的格局是这样的:病区的门是锁住的,钥匙由值班护士掌管。病区门外是接待室,接待室有有扇门通向就餐室,门旁边有一个分成许多小格子的大木柜,每一个小格子都有门有锁。这是病人的储物柜,钥匙在病人自己手里。

我对值班护士说,我是吴小彦的表哥,特意来看看她。

护士打开了病区的门,喊了一声:"吴小彦,你表哥来看你了。"小彦很快就出来了,看见我就笑着对护士说:"他不是我表哥,他是李之林,我第一个男朋友。"那个护士看了我一眼,就回到自己的位置上织毛衣去了。我带了一些水果给小彦,她随手就放在了桌子上。我问她:"你的柜子是哪一个,我帮你收起来。"小彦说:"不用,一会儿吃饭的时候分给大家吃。我们这里都这样。"

"就没有自己锁在柜子里一个人慢慢吃的吗?"我问。

"也有,不过那样的很快就出院了。"小彦说。

我问她:"你现在的情况怎么样?"

"我也不知道，要不你一会儿去问问谷大夫吧，她是我的主治医，我第一次住院就是她。"

我把小彦送回病房，就去找了谷大夫。谷大夫是一位三十多岁的端庄女性，和蔼可亲。她对我说，小彦得的是精神分裂症，很难根治，目前只能通过服药逐渐改善症状。

我把谷大夫说的告诉了海平和吴彰。后来每逢探视日，他们都会去看望小彦。

转眼间到了第二年一月，很多病情不是特别严重的病人都被家人接回去过春节了。海平也想接小彦回家，但是医院不同意，说小彦只有一个家人，就是吴彰，然而吴彰还是个未成年人，不能让他把小彦接走。所以医院只能本着谁送来谁接走的原则，让送小彦来的单位把她接走。

小彦是崇文分局送来的，但是这时候却说，小彦是工艺美术工厂的人，要接让他们接。而工厂说，人又不是我们送去的，我们不管。

就这样，两方面来回扯皮，小彦始终也出不了院。

海平急了，干脆在一个探视日，带上小彦的冬衣，把她偷回了家。

当天晚上，医院，工厂，公安局都来了人，海平就是不开门。他隔着门对那些人说："吴小彦已经吃了药睡着了。我不能给你们开门。"

"李海平！你再不开门我们就砸了！"听上去是分局的人。

海平说："你们要砸就砸，反正我不开门。"

海平听见门外的人在商量，要不要砸门，最后还是不砸门的意见占了上风，随着一阵杂乱的脚步声，那些人下楼离去了。

四

就在海平把小彦偷出来后不久,北京市委的三个中年干部来我们工厂找我,还是在那个警察曾经询问我的房间,他们问我,对小彦和海平的事情有什么想法,我说我觉得最好能让他们结婚。虽然现在政府提倡晚婚,但是他们的情况特殊。三个干部没有发表什么意见就走了。

第二天晚上,我去了小彦家,把市委干部来找我以及我的意见都告诉了他们。

我注意到,平时爱说爱笑的小彦那天晚上基本上没怎么说话,人也是木呆呆的。

海平在送我下楼的时候告诉我,他昨天下班回到家,小彦已经睡了,他顺手拉开抽屉,看到一张纸,上面是小彦的字迹,抽屉里医院给小彦开的奋乃静全都不见了。海平连纸上的字都顾不上看,就扶起小彦,一杯接一杯给她灌凉开水,半个小时之后,小彦才苏醒过来。

小彦在大家的劝说下,她开始每天去上班。

一天,小彦回到了家,非常高兴,她拿出一张纸给海平看,这是工厂给她开的一张结婚证明。

第二天,小彦就和海平一起去照相馆拍了一张合影。

吴小彦在工厂给她开了结婚证明后和海平的合影

可是没过几天,小彦又出事了。

那天,海平下班回到家,小彦不在,只见卧室地上有一滩鲜血,桌子上,小彦给海平留下一张字条:海平,我回安定医院了。海平给我打了个电话,要我去安定医院看看,能不能见小彦一面。我去了,这一次谷大夫的态度和上一次完全不一样了,她板着脸冷冷地对我说:"我不知道你们都干了些什么,反正我绝不会再让你见吴小彦。"

就这样,小彦一连两个月音讯全无。

当小彦终于在六月中出院时,大家都吓了一跳,原来体重只有一百一十多斤的她,如今长到了一百五十多斤,这大概是服用激素的结果……

结局

下面是一个女孩子对一件往事的回忆的片段：

『一九七六年九月二十三日傍晚，我吃完晚饭，高高兴兴地骑车去小彦家…

就在几个月前的一天，我在家第一次见到小彦。她的天真、细心、和待人的热情、体贴入微，很快就赢得了我的好感。也许是出于女孩子心理上的一种不可理喻的共同之处，我非常想尽快成为她的朋友，也许还可以尽我的能力给她一些帮助。可不知怎么，大家都是那么谨慎，以至于我始终不能得到机会到和我的住处只隔一条河的她的家里去。直到一个星期前，在我的执意要求下，才和一个朋友一起到了她的家。我记得那次她坐在床上，天真地讲起她如何在左臂上划了一个口子，血又怎样流出来，仿佛她进行的是一个什么有趣的试验。当别人暗示她要正视现实的时候，她神情严肃地说："我相信我是有前途的。"就是这些，仅见了两次面，我就被她吸引住了。

在那条拐进她家的路上，我见到路边的人三三两两地议论着什么。我没在意。拐到楼前，老远就见到在小彦家的那个楼门口有一辆救护车，附近有很多人。我忽然觉得这可能和小彦有什么关系。我下了车，问两个女孩子到底出了什么事，她们注意地看了我一眼，小声说："听说是吴小彦，不知怎么搞的。"

我只觉得血一下子涌上了脑子，想到，不好，她出事了。很可能上边有警察，我上去凶吉莫测，可这是需要人的时候，也许我能干点什么。于是，在众目睽睽之下，我放好车，上了楼。楼梯上一个人也没有，单元门大开着，过道里放着一个有被子的担架，在小房间里有几个人。我挤了进去。

在床上，就是小彦上次坐着的那张大床，小彦仰面朝天地躺着，她穿着一条灰裤子，光着脚，上身穿一件淡兰色的短袖衬衣，胳臂伸在身体两侧……旁边站着一个北京市救护站的大夫。

吴彰靠着窗子站着，他的脸毫无表情，只是呆呆地看着他的姐姐。

在场的人们都尽量靠后站着，脸上都显得很痛心。看起来，他们都是邻居。一个五十岁左右的妇女不断地说着："大夫，你们把她带走想想办法吧。"人们的目光都转向大夫。他身穿白大褂，胸前挂着一个听诊器，手插在口袋里，毫无所动。他此时只想说服大家相信小彦已经死了，"已经没有希望了，"他说着向上翻了一下小彦的眼皮，"你们看，她的瞳仁已经扩散，心跳呼吸已经停止……这种情况，即使抬走也无济于事。"

人们还是不甘心地向他恳求着。确实，要使大家相信一个上午还好好的活人已经没有了生命是多么困难啊。有人提出去找找亲属，那个妇女说："海平怎么还没回来，平常这个时候，他该到家了。""他一会儿就会回来的。"

人们就这样在恳求和讨论中耗费着

时间……

我回到家，想到应该马上通知一下了解此事，能拿主意的人。我首先想到的就是N。我到传达室去打电话，偏偏N不在家。当时我真是走也走不得，坐也坐不下，只能怀着各种各样渺茫的希望在那斗室中徘徊。

大约九点半钟，终于在电话中听到了N的声音……

（以上就是那个女孩子的回忆的片段，我在引用时文字略有改动。）

二

上文中所提到的 N 就是我。

放下电话,我走回家去。尽管电话里传来的消息多少有些含混不清,但我心里已经大致明白发生了什么事。

回到家里,妈妈问我这么晚打电话有什么急事,我小心地绕过那个来电话的人也同样谨慎地避免使用的字,告诉妈妈,小彦可能不行了。

妈妈摇摇头,叹了口气。

夜深了,我睡不着,想到小彦,想到吴彰和海平,想到第二天该做的事。

三

第二天一早,我向工厂请了假,先找到蛮子。当时他还没有工作,等在家里。其他人都在上班,一时找不到他们。

我们简单地交换了一下意见,决定由我去找 L,她和小彦同住一楼,应该知道得更多,也更确实。

我给 L 打了电话,约她在前门碰头。

我先到那里,L 还没来,我等着,偶然想起,三年前的一个晚上,我和小彦就是在这里分手的——因为我"不想将来"。

L 来了,她证实了小彦的死亡。

她告诉我,海平昨晚 7 点多回到家的时候,小彦已经死了。人们怕他会干出疯狂的事来,竭力劝说他先不要进屋去看小彦的尸体。他顺从了。没过多久,公安局的人就来封锁了现场,到现在还不许人出入。小彦到底是采用什么方式自杀——甚至到底是否肯定是自杀,众说纷纭,L 也不十分清楚。

中午，我找到前一天给我打电话的女孩子，她把当时的情况详细地讲了一遍。

下午，在去蛮子家的路上，我给老久和其他有关的人打了电话，要他们下班后马上到蛮子家来。我没说为什么，他们也没问。

在蛮子家，我和他等着大家。提起 G，认为暂时没有必要通知他——他患精神病已经快一年了。

在说到大家听到这个消息可能有什么反应的时候，我对蛮子说，我不想看到眼泪。

从前一天晚上，听到小彦的消息以来，我一滴眼泪也没有，甚至没有想哭的欲望。

傍晚，大家先后到了。

我把我知道的讲了。

没有眼泪，只有短暂的沉默。

我们谈到可能会发生的情况，主要是担心吴彰和海平的处境。大家一致认为，应该尽快找到他们。

大家认真地讨论每一种可能发生的麻烦，没有一个人有过任何感情的流露。

尽管当时还没有百分之百的把握，但大家都认为，基本上可以肯定小彦是自杀。而且，这一事件的发生虽然使每一个人都受到极大的震动，但也没有一个人对此感到意外。

晚上，我回到家，写下这样几个字：

小彦死了。

四

　　第二天，9月25日，早上九点左右，我来到丁家坑2号楼4单元门口。

　　我锁好车，走上那道熟悉的楼梯。

　　这道楼梯我曾走过数百次，然而这一次，楼梯却好象比平时短得多，也静得多。

　　我还没有做好任何心理准备，就已经来到了401号门口。

　　我敲敲门。

　　开门的是海平。

　　看见我，他哭了。

　　我也哭了。

　　吴彰不在家，他去给什么人打电话去了。

　　从海平的口中，我又了解到一些。

　　23日早上，吴彰和海平都上班去了。

　　下午三点钟左右，有人看见小彦下楼。事后据附近商店的售货员说，小彦在他们店里买了一瓶敌敌畏——他们认识她。

　　下午六点左右，吴彰下班回家，发现姐姐倒在卧室的地上。

　　据内行人说，喝了敌敌畏的人心中会有火烧般的感觉，因此往往会不自主地倒向冰冷的地上……

　　晚上，警察在勘察现场的过程中，在楼下垃圾箱里找到了一个空的敌敌畏瓶子。

　　海平告诉我，他没有看到小彦的尸体。开始，是一些好心人劝他不要看，他自己也不明白为什么他顺从了。后来，警察来了，他们把小彦尸体所在的房间封锁起来，不让任何人出入。半夜,来了一辆汽车,把小彦的尸体拉走了。

而现在,海平说,他最大的愿望就是想再看一看小彦,并为她办理后事。可是他担心,某些人会在办理小彦后事的过程中,想方设法把他排除在外。

我隐约地感到,他的担心是有一定道理的。

吴彰回来了。他对海平说,他要去找他三姨,海平让他快去快回。

吴彰走后,杨来了,他是海平的朋友。看到他,海平的眼泪又流了出来。

我转过身,走进另一个房间,第一眼看到的就是一张小彦和海平的合影……

我和杨陪着海平,在很长一段时间里,都是海平一个人在说话。他眼睛里含泪,说到小彦临死前还记得海平早上上班前的嘱咐:把花搬进屋里,把窗帘拉好,把屋子收拾干净……他讲了许多,有些事他一再重复……没有人打断他,也没有人能打断他。

他讲起小彦几个月前那次自杀。那一次,小彦把家里所有的奋乃静都吃了,并留下一份遗书,要海平把她和她妈妈葬在一起。那一次,海平硬是靠不停地给她灌水把她救了过来,可是这一次……

这一次她没有留一个字,而上次那份遗书也在前天晚上被警察抄走了……

有人敲门。

进来的是一个警察和两个工人民兵。

"李海平,你怎么还在这儿?"警察声色俱厉。

海平说，小彦的后事不办完，他决不离开。

"吴彰呢？"警察问。

"去他三姨家了。"

"他三姨家住在哪儿？"

海平给了他一个地址。

警察转向我和杨："你们俩是干什么的？"

"我们是李海平和吴小彦的朋友。"

警察拿过我们的证件，走到桌边，在一张纸上记下了证件的内容。然后，没有把证件还给我们，却放进了他自己的口袋。

杨走过去向警察索取自己的证件，警察不给，眼看就是一场争吵，我和海平把杨劝开了。

警察狠狠扫了我们一眼，对海平说："你立刻离开这儿，如果你不走，今天晚上我们就来清查你！"说完就和两个工人民兵扬长而去。

海平对我们说，刚才警察的话证实了他的担心，可是

"无论如何，我一定要最后看她一眼。"

五

杨要上中班，他走了。留下我继续陪伴着海平。

海平精神恍惚，不断地讲述着小彦生前的许多事。最后，他沉默了，一双泪眼凝视着窗外。

我望着他，找不到任何语言来安慰他。

屋里的气氛令人窒息。

我站起身，对海平说："你已经一天多没吃没睡了，我去

做点饭。"

海平无力地摇摇头,"我不想吃。"

我也不想吃,可是我仍旧走进厨房,淘米,洗菜,做了一顿没有任何人需要的午饭。

在做饭的过程中,我多少摆脱了那种极端压抑的感觉。

饭做好了,我吃了一点儿,也勉强海平吃了一点儿。

饭后不久,吴彰回来了,跟在他身后拥进十几个人,为首的一个三十多岁,头发剪得短短的,穿着一身干部服——后来我听说,这个人姓王,是工艺美术工厂保卫科的干部。其余的十几个人都是年青小伙子,大部分穿着油污的工作服,当时主席逝世才半个月,所有的人都还戴着黑纱,可是王和那十几个工人都把黑纱摘掉了。显然,这是派他们来的人特意吩咐的,下命令的人不想让人误解他们对小彦的死的态度。

吴彰对海平说:"他们让我去看姐姐,不让你去。"说完就哭了。

海平问:"到哪儿去看?"

吴彰摇摇头,"不知道。"

这时,王走上前来,催促吴彰快去收拾小彦的衣服。吴彰走到柜子跟前,还没有拉开抽屉,就一头扑在柜子上大哭起来。

海平问王:"我去行不行?"

王回答:"不行。"

"为什么?"

"你们没有合法关系。"

海平拿出工艺美术工厂不久前给小彦开的结婚证明,王连看都不看。

海平说："就算我们没有结婚，人死了，同学、朋友去看一看又为什么不行？"

"不行就是不行。"王冷冷地回答，"你不能去，这是我们和他们的亲戚协商的结果。"

他所说的"我们"，不言而喻，是指工厂、机关、还有公安局，在这样的压力下，吴彰的三姨还能说什么呢——显然，上午那个警察要了三姨的地址就是为了赶去"协商"一个草草了结小彦后事的办法的。

这时候，原来挤在过道里的工人们中有几个慢慢地走进屋来，在海平和王争执的时候，他们一直静静地听着。

很明显，王之所以带了这么多身强力壮的小伙子一起来，就是为了对付海平的，可是面对痛哭的吴彰和执意要去看小彦的海平，他们都沉默着，不少人的脸上流露出怜悯和同情。

而这些情感王是绝对没有的。他正不耐烦地催促着吴彰：

"吴彰，你怎么搞的？还不快点收拾。"

我把海平叫到一边，对他："看来你是去不成了，你一定要去吗？"

海平茫然地看着我，也不知他是否听见了我的话。

必须打破这个僵局，我想。

我走到王面前，对他说："如果除了不让海平去看小彦这一点之外，吴彰没有其他意见，那我可以说服海平不去。"

王看看我，没有回答，转身出去了。

不一会，他回来了，对海平说："你不是一定要去吗？允许你去了。"

"真的吗?"海平有点儿不大相信。

王点点头,"我们请示了上级。"说着他转向我,"你呢?"

"让我去吗?"我问。

"你愿意就让你去。"

"我去。"

看来,这个突然的转变不仅使我们,也使那些工人感到意外。

几个工人走过来帮助海平和吴彰收拾东西。我插不上手,就站在一边看着。

海平突然问我:"你说,他们会不会把咱们骗到公安局抓起来?"

"不会,不会。"几个工人连忙安慰我们。

我笑了一下。不管王说的是不是真话,现在我们唯一能做的就是跟他去。

海平和吴彰开始从抽屉里把小彦生前喜爱的衣物一件件拿出来,一个工人小声对海平说:"你不给她带点儿小玩意儿去?"

海平听了,转身到另外那间屋里拿来一个小熊和几个贝壳。

衣服整理好了,海平又拿了小彦平时盖的被子。

我们和那些工人及王一起下了楼。

楼下停着一辆吉普车和一辆北京 130 卡车。王钻进吉普车,我们和工人们上了那辆 130。吴彰和海平分别抱着小彦的衣物和被子。

六

两辆车一前一后,一直开进崇文分局的院子里,在一座楼门口停住了。

王跳下吉普车,走进楼里。片刻,他和早上收走我和杨的证件的那个警察一起走出来。

"李海平,还有你,"那个警察指指我,"下来!"

我们下了车。

"跟我走。"

他把我们带进传达室,指着靠墙放着的长凳,"坐下!"说完转身走出去了。

海平对我说:"我倒不怕他们把我抓起来,就怕看不到小彦。"

"别想这些了。"我说。

一会儿,那个警察又回来了。"李海平,跟我来。"

海平跟他去了,留下我一个人等在传达室里。

几分钟后,我从传达室的窗口看见那辆吉普车和那辆130开出去了。130上面坐着吴彰和那些工人,海平不在上面。我们上当了。

我们上当了,但是我却一点也没有感到愤怒和恐惧,似乎我早就明白我们来就是为了上当的。反之,如果我们没有上当,他们真的让我们和吴彰一起去了,我也许倒会感到意外。

我一个人坐在长凳上,心里平静得异常,仿佛一切感觉都已经麻木。

屋里除了我,只有一个值班的警察坐在窗口,正在和小窗外一个五十多岁的老工人交谈。

老工人是来打听他儿子的消息的。几天前，他儿子被人打伤了，打人的人被抓了起来，他儿子也被抓了起来。

"既然你儿子是挨打的，怎么还抓他呢？"值班的警察不冷不热地问道。

小窗外，老工人陪着笑脸，"是……那正好赶上主席逝世期间，……所以……所以得调查调查……"

"你明白这个，那还问什么，回去等信儿吧！"警察呼的一声把小窗户关上了。

在主席逝世期间，政府明令禁止一切娱乐活动，打人自然是犯罪行为，然而挨打也有"娱乐活动"之嫌，这倒是我闻所未闻的。

这个小小的插曲使我的等待多少显得不那么枯燥了。

我拿出一支烟，可摸遍了全身，却没有找到火柴，正当我盘算着要不要向值班的警察借个火的时候，那个带海平的警察进来了。

他上午那种声色俱厉的神态不见了，代之为一副坦然而淡漠的态度。

他对我说，吴小彦的死，是自杀是他杀还没有搞清楚，你们不要在这种时候裹进来添乱，这里没有你们的事，等等。

我老老实实地听着，心里明白了，他们在小彦死后所做的一切，都是以不扩大影响为原则的。他们阻止海平去看小彦也是出于同一原因。

他继续说下去：你是个工人吧。

我说是。

那就应该好好上班,少管闲事,明白吗?

我说明白。

他从口袋里拿出我的证件还给了我,随后站起身来,把我送出门外。

你要注意,他说,这几天不要再去丁家坑。

我说,可是我的自行车还在丁家坑。我必须去取。

你可以去,他说。

我问他我回丁家坑应该坐几路车,他告诉了我,并把车站指给我看。

就在这时候,他说了几句使我多少感到意外的话:

"我的意思你要明白,近几天不要去丁家坑,这并不是说我反对你以后再去找吴彰,但是你年龄比他大,应该给他好的影响,关心他,帮助他……"说到这儿,他扭过头,眼睛看着别处,"是啊,一家四口,如今只剩他一个人了……"

七

我回到丁家坑取了车,直接去找蛮子。我把当天的经过告诉了他,并要他转告其他人。

我自己已经筋疲力尽,只想赶快回家去睡一觉。

的确,两天来,我太累了,以至于都没有精力去想一想那个最应该想一想的问题:

小彦死了。

一个四年来一直生活在我们中间的人死了,不在了,没有了,消失了,

这到底是怎么回事?

八

就在我走出崇文分局大门几小时后，海平被他妈妈领回家去。

第二天一清早，海平骑上车，从家里赶到东郊火葬场，想最后看一眼小彦，可是，当他到那里的时候，小彦的尸体已经火化了。

九

最后，我想引用那个除了吴彰外唯一亲眼看到死去的小彦的女孩子的回忆来结束这篇文字。她看到了海平和我所没有看到的：

"一张毫无表情的脸，每块肌肉都恢复了原状。肤色惨白，白的透明，嘴唇青紫，紫的发黑。她的眼睛，那双平时比孩子还要天真的眼睛，此时微微张着，毫无生气地盯着天花板，这绝不是对人生的留恋，却仿佛在等待着什么。在整个脸上看不出丝毫的痛苦，忧愁和怨恨……她的嘴唇微微张开，似乎有什么没说完的话……"

《蜗居》随想录

前言

经朋友推荐，我买了碟，把三年前引起热议的电视剧《蜗居》看了，而且一连看了三遍。

看第一遍，觉得是社会剧。

看第二遍，觉得是爱情剧。

看第三遍，觉得这就是当代的《红楼梦》。

钟爱《红楼梦》的王蒙先生写过一本《红楼启示录》，如今钟爱《蜗居》的我，来几段"随想"，自娱自乐。

一 《蜗居》故事发生的地点

电视剧里面说是江州，观众们都能看出，那就是上海。小说里写的也是上海。或许编剧（小说作者也是其中之一）不想过分刺激什么人，于是把实在的上海虚化为江州。

二 《蜗居》的时间跨度

《蜗居》一开始字幕上就打出了"1998年"的字样。那一年海藻正在准备高考，应该是18岁。当她第一次见到宋思明的时候，宋问她年龄，她答：25。之后她与宋的交往持续了一年半左右。结尾她出国时的年龄应该是27岁或者不到一点。所以，电视剧《蜗居》的时间跨度是九年：1998年至2007年。小贝发现海藻手机中宋思明的短信，日期却显示 2008，这应该是拍摄时的疏漏。

三 因地点和时间而出现的问题

在电视剧中，江州的气候似乎没有明显的四季变化。春节期间，宋思明带海藻去度假村，宋穿着一件风衣，海藻是一件呢子外套。显然是气候宜人。在整部剧中，最厚实的衣服就是海藻曾经穿着的一件羽绒背心。而江州好像没有夏天，

剧中仅有的短打扮是海萍刚生完孩子时、海藻和苏淳身上的短袖 T 恤。此外就再也没有露胳膊露腿的了。

所以，幸亏是江州而不是上海，省去许多麻烦。

四 小说与电视剧

电视剧《蜗居》改编自六六的同名小说。六六也是电视剧的编剧之一。虽然小说的剧本化很明显，但是变成电视剧时还是有所增补，有所删减。这些增补和删减都非常有意思，在一定程度上说明了当下电视剧的生存环境。

电视剧播出后曾被指为"黄色"，对此，六六坦言：小说要比电视剧"淫荡一百倍"。

五 伞

《白蛇传》中，白娘子与许仙结识靠的是一把伞。日本电影《失乐园》中男女主人公结识也是源于一把伞。《蜗居》里小贝结识海藻还是由于一把伞。所以，时下的单身男女们出门，千万别忘了带上一把伞。

六 小贝

小贝是剧里几个主要人物中最单纯的一个。如海藻认为的那样："是一汪清澈透明的泉水。"他心地善良，以自己的方式一心一意地爱着海藻。这种爱，体现在他和海藻共同生活的许多细枝末节上。

然而，一个单纯善良的人是很容易受伤的，更何况小贝身上还有着致命的弱点：自私，吝啬，狭隘。用海藻的话说："总是把自己的和别人的分得那么清楚。"正是他的这些弱点，使得他在不知不觉中，与海藻渐行渐远，最终把海藻推向了另一个男人的怀抱。

宋思明在接电话时故意的暴露，使小贝对海藻产生了怀疑。他悄悄地跟踪海藻，发现海藻和宋在别墅里偷情。

他崩溃了，在雨地里走了整整一夜。回到住处后大病一场。从昏睡中醒来后，小贝变成了哈姆雷特，面对着一个他从未面对过的问题：To be or not to be？——他和海藻，怎么办？分还是不分？

在犹豫不决的那一段时间里，他却不知自省，反而一改往日的温柔体贴，完全不顾海藻的感受，自以为站在道德制高点上，一味地对无助的海藻实施着冷暴力甚至……。

事实上，在把海藻推向宋思明的诸多因素中，小贝占了至少一半。

什么是自私狭隘？什么是不担当不宽容？这就是。

看到这里，观众都已经明白，小贝与海藻分手，只是时间问题了。

小贝空有了一把伞，他不懂女人，也不懂爱情。

七　宋思明的魅力

宋思明的魅力绝不仅仅是有钱有势。他有阅历，有知识，有智慧，还有小贝根本不可企及的床上功夫。（最后这一点，电视剧里的描述，不及书中的五分之一。即便如此，这部电视剧据说还是因为涉黄而遭禁播，编剧专门为此向"纯洁的观众"道歉。）

海藻对宋思明说："你就是那个五指山。我怎么逃怎么逃，最后还是没能逃出你的手心。"

海藻之所以在小贝离去后心甘情愿地"步入了职业二奶的行列。"完全是因为宋思明能够充分给予海藻这个年轻的生命所需要的：金钱，爱情和性。而这些，小贝不舍得给，不懂得给，也不会给。

宋思明唯一不能给或不肯给海藻的是一个婚姻，然而即使这样，他还是给了海藻相当多的安全感。

举个例子，海藻出差，宋思明尾随而至。帮助海藻解决了海藻单靠自己根本不可能解决的棘手问题。当老板认为海藻自作主张而在电话里对她大发雷霆的时候，宋思明从海藻手里接过电话，几句话就说明了解决问题的办法，接下来不温不火地加了一句："对我的女人说话客气点儿，别那么大声。"

我的女人！

这样的话，小贝会说吗？能说吗？敢说吗？

宋思明这样的男人，想不爱都难。

八　海藻　童话　梦

海藻给了小贝一个童话，小贝不觉得这是童话，他以为这就是现实。

海藻也给了宋思明一个童话,宋思明知道这是一个童话,他被这个童话所打动,他想把这个童话变成现实。

不同的年龄,不同的眼睛,不同的爱。

海藻开了一家小小的店面,唯一的商品就是梦。

宋思明送给海藻的梦游娃娃是点睛之笔。

只见了几面,宋思明就读懂了海藻。而和海藻同床共枕已经一年的小贝,却输在了起跑线上。

《美人》

早就听说，韩国的情色电影拍得好。所以，从今年四月我开始买碟，仅韩国情色电影就买了不下十张。然而，看过之后很失望，不仅画面不美，女演员也不美；而且十有八九都是做过隆胸手术的。用我们中国的大美女，模特兼演员孟广美小姐的话来说："全是假的。"孟小姐还在凤凰电视台"锵锵三人行"节目中，教给大家一个辨别真假的方法，本文篇幅有限，就不详述了，网上大概查得到。

看过一些韩国情色电影之后，对于眼前晃来晃去的假货，我已经有点儿倒胃口了。至于为什么会觉得假的不如真的美，也许跟个人审美情趣有关。审美情趣本该是"萝卜白菜，各有所爱"，因人而异。但是韩国人对于身体上做假的近于狂热的追捧，几乎成为整个民族的价值取向，的确让我感到困惑，或许这只能归结于不同民族在文化心态上的差异。

上面说了，我所买到的韩国情色电影，总体上来说让我很失望，唯一的例外，就是一部名为《美人》的影片。

《美人》拍摄于 2000 年，女主角的扮演者李智贤同时也是一位舞蹈家，那一年才二十二岁，这是她主演的第一部好像也是唯一的一部电影。估计是因为学过舞蹈，所以她在影片中的肢体语言极为丰富，再加上年龄优势，可谓"浑身都是戏"。把一个既痴且狂，率性而为的女孩儿演绎得淋漓尽致。李小姐人也长得很美，身材尤其好，而且在我这个外行人看来，身上也没什么假东西。

影片的情节并不复杂：女主角是一个职业模特，她疯狂地爱着一个不爱她的男人（职业好像是个医生，仅在一两句对白中一带而过），这个男人不仅不爱她，有时还会对她拳脚相加，却又常常打电话约她。每次在和医生约会后，她都会来到爱她而她不爱、至少是不怎么爱的男主角——一个不成功的青年作家——的住处，和他做爱。两人做爱的几段镜头都拍得很美（我觉得很美，不知道女性观众会有什么感觉，其实这是很值得交流一下的。），美到了观众的欲念完全被美的感觉所遮蔽的程度。（这大概就是人们所说的"唯美主义"）。

作家是一个性情温和、甚至是腼腆的人，对女孩儿体贴入微，给她做饭，洗衣服，按摩，直至为她洗熨内裤，而且也从不干涉她和医生的往来。直到有一天，女孩儿从医生那里回到作家住处，遍体鳞伤……作家终于忍无可忍，身怀利刃，走上街头，医生迎面走来（他不认识作家），就在两人擦肩而过的瞬间，作家捅了医生一刀，然后不动声色，扬长而去。他对女孩儿什么也没说，只是开车带她离开住处，来到一片杳无人迹的海滩，在一辆事先准备好的房车里住下来。他们在海滩上嬉戏打闹，在房车里做爱。而这时，女孩儿也似乎爱上了作家。其中有一个情节十分动人：在海滩上，女孩儿吐出口香糖，分给作家一半，两人用手里的口香糖各自捏成一个对方生殖器的小模型，放进一个即将投入大海的漂流瓶中……

一天早上，一阵手机铃声唤醒了沉睡中的女孩儿，有人告诉她医生死了，手机从女孩儿手中掉落在海滩上，风急雨骤，女孩儿步入大海。不过她没有自杀,而是收拾了自己的东西,悄然离去。

几天后,女孩儿回来了,把头倚在了作家肩上……

两个人都没有未来了。最终,作家掐死了女孩儿,把她的尸体抱到海边,放在了沙滩上,自己则最后一次向这个美丽的身体俯下身去……

不知别人看了这个电影会有什么感觉,反正我是被深深地打动了,震撼了。被打动、被震撼的同时,我还悟出了几条"道理"(用词不准确):

一,女人爱情的最高境界,就是爱上一个根本配不上她爱情的男人。

二,这个标准同样也适用于男人。

三,真正的爱情是要死人的,没有尸体的爱情算不上伟大的爱情。

这让我想起连演十三年、且场场爆满的话剧《恋爱的犀牛》,其中有这样两句台词:

> 明明(一位深爱着一个不爱她的诗人的漂亮女孩儿)对马路(一个深爱着明明的犀牛饲养员)说:"去,找个女人和你做伴儿吧,但不要说'爱'。"
> 我以为这台词棒极了,简直可以比肩莎士比亚。
> 对,找个人做伴儿吧,但不要说"爱"。

2011.8.26

写完《美人》一文后,我把它发给了一位在深圳的朋友,因为他一向擅画,所以我希望他能为我的文字插图。

不久,插图来了,确是一位美人,不过美人正在发言,旁边的一行字就是她说的话:"小心!高丽的维特杀女人!然后奸尸!"

显然,这是我的朋友在代美人立言。

我暗自叫苦不迭,明明是一个凄美的爱情故事,怎么冒出"奸尸"两个字来?!

然而这也怪不得朋友,确实是我自己在介绍电影情节时写到过:作家在掐死女孩儿后,"最后一次向这个美丽的身体俯下身去"。我本来以为,作家是想最后一次一亲芳泽,不料却坐实了他"杀人"之外的又一罪名:"奸尸"!

其实,《美人》只是一部唯美主义的情色片。虽然影片中身体暴露的程度相当大胆,但是毕竟跟所谓的"毛片"还有很大区别。上述的那个镜头也是远景,并无具体细部的描绘,换句话说,并没有作家"奸尸"的确凿证据。所以,就是上了法庭,也应该是"疑罪从无"吧。

说到"奸尸",倒让我想起几十年前读过的一本书,那是上个世纪四十年代初由范文澜先生主编的《中国通史简编》,其中讲到这样一件事:后燕的皇帝慕容熙,他心爱的皇后死了,躺在棺材里,他不仅不让人盖棺,还每天爬进棺材,和那个已经死去的皇后交欢。范先生的本意,是想用这个例子来说明封建帝王的荒淫无耻,可我却在其中看到了爱情。

中国古代的帝王,个个自称"寡人",然而却并非个个"寡情"。比如西楚霸王项羽对虞姬,东汉光武帝刘秀对阴丽华,唐玄宗李隆基对杨玉环,南唐后主李煜对小周后,就都有很真挚的爱情。只不过还没有像上面说的那一位,爱到了"奸尸"的地步。

最后，我想效仿我那位代美人立言的朋友，替影片中的作家写一首诗，就算是他在杀死女孩儿后的心声。

> 我杀死了你，
> 因为这世间已容不下你的美丽。
> 我抱着你的尸体来到海滩，
> 悲哀如大海一样无际无边。
> 让阵阵海风轻轻地吹干你脸上的泪水，
> 让金色的细沙慢慢地将你覆盖。
> 我最后一次向你俯下身来，
> 虽然你的双眼紧闭，
> 虽然你没有了心跳和呼吸，
> 但我依然深爱着你美丽的身体，
> 和——天上的你。

2011.12.21

爱与死

我在介绍国韩情色影片《美人》一文中，曾下过这样一个结论：伟大的爱情是要死人的。换句话说，没有尸体的爱情算不上伟大的爱情。

"爱与死"多年来一直被视为艺术作品中的永恒主题之一。英国剧作家莎士比亚就曾围绕着"爱与死"的主题作过不少文章。罗米欧与朱丽叶的故事，想必大家都不陌生：一对少男少女，因为爱，双双死去。莎翁的四大悲剧，都不是以爱情为主线的，然而其中只要涉及到"爱"，就一定会死人。《汉姆莱特》本来写的是复仇，但汉姆莱特王子一爱上奥菲丽娅，后者就死了。《奥赛罗》写的是嫉妒和小人，可是深爱妻子的奥赛罗，一时听信了小人的谗言，就亲手掐死了苔丝德蒙娜，在得知真情后，自刎于妻子床前。

再举个例子，美国作家海明威，曾写过两部著名的战争小说：《永别了，武器》和《钟为谁鸣》。在前一部小说中，美国青年军官亨利爱上了英国护士凯瑟琳，最终凯瑟琳因难产而死。在后一部小说里，美国青年爆破手乔丹爱上了西班牙姑娘马丽娅，一起渡过了缠绵悱恻的三天，随后乔丹便战死沙场。

在海明威之前的成名作《太阳照常升起》中，没有死人，因为男主人公一出场就已经丧失了性能力。无性当然也可以有爱，但危险性就小多了。

至于托尔斯泰的长篇巨著《安娜。卡列尼娜》中，女主人公安娜的命运，就不用我多说了。

在中国，传世名著《红楼梦》就描写了一段"伟大的爱情"（王蒙语）：贾宝玉和林黛玉的爱情。结果林黛玉死了，而且百分之百是死于爱情。

剧作家曹禺早年写了三个重要的剧本：《雷雨》，《日出》，《北京人》。

《雷雨》中，一起爱上四凤的周萍周冲兄弟双双殒命，四凤也死了。

《日出》是一部社会剧，爱情的戏份不多，但曾经爱过的女主角陈白露最后还是死了，看来,过去式的爱情也杀人。

《北京人》讲的是一个没落了的大家庭，四十多岁的大少爷曾文清，一直对他的表妹愫芳不明不白,结果自杀身亡。

类似的例子数不胜数。

老舍的《骆驼祥子》中，祥子对小福子有了感情，没过多久小福子就死了。

沈从文的《边城》里，兄弟俩同时爱上了一个女孩子，结果一个死了，一个走了。

还有白先勇的《玉卿嫂》，结局之惨烈，令人不忍卒读。

以上说的都是古今中外的文学名著中的"爱与死"。如果有人认为上述故事都是虚构出来的，那我们就得提醒他：艺术源于生活。万一他仍不买账，我们不妨再请他来看一看现实生活。

被称为二十世纪中国世纪之恋的那些爱情中：

徐志摩与陆小曼，徐志摩死了，三十五岁；

当代最著名的一段爱情：顾城、谢烨与英儿的三角恋情，结局是顾城死了，谢烨死了，活着的英儿在无力地为自己辩白——相对于空洞的语言，两具尸体无疑代表着更大的真理。

胡兰成与张爱玲，都得以终其天年，死去的是他们的爱情。

世事都有例外，在美国好莱坞诸多的爱情故事当中，死人的比例并不高。虽然《爱情故事》，《英国病人》中的女主角都死了，《阿甘正传》中阿甘一生唯一的恋人杰妮也死了，但是相对说来，不死人的爱情故事更多些，其中最有名的一个大概就是由斯特里普和伊斯特伍德主演爱情电影《廊桥遗梦》了。

当年，我的一位在上海教中国古典文学的朋友向我推荐了《廊桥遗梦》，那时这本小说还没有被改编成电影。我看完后回信给她，说我认为这个故事是不真实的。一个五十二岁的男人和一个四十八岁的女人之间，产生爱情是完全有可能的，再怎样热烈也不过份；然而要把这种爱情一成不变善始善终地保存二十多年，则是完全不可能的。

相比较《廊桥遗梦》一书中，男主人公五十二岁仍旧保持着青春活力的描述，我更喜欢法国女作家杜拉斯在《情人》一书中的开场白："十八岁，我就老了。"——因为什么？因为她十五岁就有了一个情人，经历了爱情，已经失去了对爱情的幻想。这就如同海明威的小说《太阳照常升起》中的男主人公失去了性能力一样，生存得到了相对的安全。

爱情与生存是不能两全的。　人，男人和女人，远离了爱情，也就远离了死亡。　　　　　　　　　　2011.9.27.

我对顾城事件的解读

前些天，无意中在网上看到了一部拍摄于1998年的香港电影《顾城别恋》。看过后相当失望。影片中的人物的确如一些网友所说的："顾城不像顾城，谢烨不像谢烨。"然而这却是至今为止，唯一一部描述"顾城事件"的电影。

说到"顾城事件"，人们首先想到的就是诗人顾城在远离中国的新西兰的一个小岛上杀妻自杀。

十几年过去了，人们至今对这一事件仍有着不同的解读。

其实，"顾城事件"至少应该包括两部分：首先是顾城、谢烨和英儿的三角恋情，然后才是顾城杀妻自杀。而前者是后者的起因，后者则是前者的结果。

我想，要想取得对这一事件的发言权，起码要读三本书：顾城的《英儿》，顾城的姐姐顾乡的《我面对的顾城最后十四天》，还有英儿的《魂断激流岛》。由于上述三本书所写的内容绝大部分发生在新西兰的一个被称为"激流岛"的小岛上，所以又有人称这一事件为"激流岛事件"。

在我眼中，"激流岛事件"的大致经过如下：1987年5月，顾城、谢烨夫妇应邀出国讲学（当时三十岁的顾城已经是名满天下的诗人了），1988年1月来到新西兰，顾城受聘于奥克兰大学，不久后便辞职，在与奥克兰隔海相望的激流岛隐居，过着相当艰苦的"田园生活"。在此期间，他们一直和在北京的英儿频繁通信。1990年7月，在夫妇两人意见一致的情况下，由谢烨一手操办，邀请英儿来到新西兰激流岛。不久，顾城就和英儿共坠爱河，双宿双飞。而面对这一切的谢烨，则安之若素。1992年3月，在谢烨的坚持下，顾城接受了德国一家文化机构的创作基金，和谢烨一起飞往德国，英儿一个人留在岛上。顾城对英儿许诺，只离开一年，挣了钱就回来。

1992年末，一直和英儿有信件往来的顾城，忽然没有了英儿的消息。随后得知，英儿跟岛上的一个洋人老头一起失踪。这似乎是顾城有生以来遭受到的前所未有的巨大打击。可不知为什么，他并没有急于回到岛上去，而是和谢烨一起，在世界上走了不少地方，其间还回了一趟中国。直到1993年9月下旬，才重返激流岛。这时，由顾城口述，谢烨用电脑打字录入的《英儿》一书已经脱稿，正在联系出版。

顾乡在《我面对的顾城最后十四天》中，对顾城和谢烨两人生命的最后十四天里发生的事情，作了尽可能真实而详细的描述，这里就先不多说了。1993年10月8日，顾城杀妻自杀。当时顾城三十七岁，谢烨三十五岁。

有一点需要说明一下，按照顾乡的说法，顾城那天对她说的是："我把谢烨打了。"随即自缢身亡。当顾乡赶到谢烨身边时，后者头上有血，已经昏迷，但还有呼吸。现场确有一把斧子，但却是干净的。之后救护人员赶到，把谢烨送去了医院，后终因失血过多不治身亡。因此，顾乡认为，顾城"杀妻自杀"的说法是不能成立的。

我想，无论先死后死，说的是"打"还是"杀"，（这两个字在汉语里，发音是很相近的，）以及到底使用的是什么凶器，都不重要。谢烨死在顾城的暴力行为之下,则是不争的事实。

以上就是事情的大致经过。下面,我想就此说一说我对这一事件和三个当事人(顾城,谢烨和英儿)的看法。

顾城在诗歌上的成就,有目共睹,就不用我多说了。我只想谈谈在读过上述三本书之后,对顾城这样一个特殊人物在这一事件中所作所为的解读。

曾有一位诺贝尔文学奖的评委称顾城为"会走路的诗"。这一称谓生动而准确,同时也让人不由得联想到另一位自杀的诗人马雅可夫斯基,他说自己是"穿裤子的云"。

顾城的确称得上是一个"真诗人",超凡脱俗,不谙世事,有才华,有个性,有激情,有理想。最为难得的是,他对于自己的理想,不光是嘴上说说,而是真的付诸了实践。

顾城的理想是在人间建立一个伊甸园。和上帝建立的伊甸园不同的是:在这里,不仅有夏娃,还可以有夏娃二,夏娃三,乃至夏娃 N;亚当则只有他一个,而且绝不允许再有第二个,即使这第二个是他的亲生儿子也不行。在这样的理念下,谢烨不得不把他们才两岁的儿子小木耳寄养在一位毛利老太太家中,这也就为他们日后矛盾的激化埋下了一个重要的伏笔。

"性格即命运。"无论是与顾城相熟的朋友,还是素昧平生的读者,对顾城性格的评价基本上是一致的:天真,诚实,内向,执着,自恋……,而用的最多的一个词,则是"自私"。

我以为,"自私",几乎可以说是诗人不可或缺的素质。不以自我的感觉为中心,还能写诗吗?

有人说:人人都自私,这一说法值得商榷。

不自私的人的确有,"毫不利己,专门利人",不过那是雷锋,不是诗人。

退一步说,即便人人都自私,可又有几个能写出诗来?可顾城就能,而他的诗至今还被人传诵,并且在我看来,今后还会继续传诵下去。

在有关激流岛事件和顾城性格的评论当中,我发现,很少有人关注一个我认为十分重要的问题:顾城的精神是不是正常?我以为答案应该是否定的。

我对于精神健康问题的了解有限,但起码知道一点,如果一个人在相当长的一段时间里,经常想到死亡乃至自杀,那他就是一个百分之百的抑郁症患者,——而顾城则恰恰就是这样一个人。正因为如此,他不仅思维方式和行为方式都异于常人,而且当现实生活中出现了问题时,他也无法像一个精神建全的人那样去理性地面对。

当英儿已经出走,而谢烨也要离他而去之时,顾城不但不知自省,反而感到了极大的困惑。他不明白为什么曾与他如此相爱的女人竟然会"背叛"他,转投别人的怀抱。秦观不是有这样两句词吗?"郴江幸自绕郴山,为谁流下潇湘去?"

然而,"人往高处走,水往低处流。"这样的规律,无论是秦观还是顾城,都无法改变。

顾城把死亡视为一个人灵魂最高、也是最完美的境界。对此,谢烨和英儿显然有不同的看法。她们都曾真心地爱过顾城,但是她们也都拒绝了顾城的死亡邀约。

当顾城终于认识到他理想中的伊甸园,已经被无情的现实世界彻底粉碎了的时候,就已身处于悬崖的边缘,只要再向前迈出半步,便可以为他作为天才诗人的一生划上一个完美的句号。然而就在这一刻,他却退缩了,妥协了,他想要和他一向视之为敌的现实世界握手言和。

这或许是出于人类原始的求生本能。不过,他的妥协正如谢烨所说的:"晚了"。他伸出的和平之手遭到了拒绝(我认为,这正是随后惨案发生的诸多因素中最为关键的一个)。于是,他死了,而且死得不那么完美,也不那么壮烈。

接下来就该谈谈谢烨了。

谢烨是激流岛事件的中心人物。之所以这么说,是因为整个事件从始至终,基本上是出于她的设计和操作。

谢烨可以说是当之无愧的"伟大女性"。在任何时代、任何领域,谢烨都会是一位光彩夺目的人物。她的美丽,她的聪慧,她的善良,她的大度,是世所公认的。(就连在心底里认为她是致弟弟死亡的罪魁祸首的顾乡,也不敢在自己的书中流露出对她的丝毫怨恨,而是采用了"春秋笔法",在字里行间,让读者隐约感觉到:谢烨似乎并不那么善良而且无辜。)

俗话说:"天堂有路你不走,地狱无门你偏来。"世界上有那么多好男人,谢烨却偏偏嫁给了顾城。究其原因,除了顾城执着的追求,也是由于谢烨被天才诗人头上的光环晃了眼。(直到最终的惨案发生前不久,她已经下定决心离顾城而去的时候,还由衷地赞叹:"顾城的形而上真漂亮。")

在与顾城的十年婚姻生活中,谢烨与其说是一个妻子,还不如说是一个母亲。顾城曾写过一首诗《我是一个任性的孩子》,文如其人,而谢烨则为这个"任性的孩子"付出了一切。她的付出,远远超过了一般女性在生理和心理上所能承受的极限,把亲生儿子小木耳寄养到毛利老太太家中,就是很具代表性的一个例子。

作为一个女人，谢烨活得实在是太苦太难太累了。同时，作为一个母亲，她也必须要为小木耳的未来着想。

说谢烨设计和操作了整个激流岛事件，绝对不意味着她是一个阴谋家，在事先就有一个周密而完整的计划。开始她只有一个简单的目标，那就是带着儿子离开顾城。至于怎样实现这一目标，她则是"摸着石头过河"，走一步看一步。

首先，她和顾城一起邀请英儿来到激流岛，并听任顾城和英儿发展他们的恋情。或许她有过这样的预期：希望英儿能取代她的位置，从而使她得以从容脱身。可她没想到顾城在与英儿热恋的同时，对她的依赖并没有丝毫的减少，而且英儿对她也产生了姐妹之情。无奈之下，她想到了和顾城一起离开激流岛。就在这时，德国的一个文化基金会向顾城发出邀请，以谢烨的干练，这件事很快就有了眉目，但是英儿怎么办呢？她举棋不定。直到出国的前几天，才对英儿做出"你走了我才知道怎么办"的暗示。如她所愿，英儿在他们离开数月后，和一个外国老头一起从岛上失踪。而这时，远在德国的谢烨，也有了一个狂热的追求者——身穿一身名牌服装的流体力学博士大鱼。由于两人私下里的交往被顾城无意中发现，夫妻间发生了激烈的争吵，顾城第一次对谢烨动了手：掐了她的脖子。事情惊动了邻居，也惊动了警方。警方要把顾城送进精神病院，为期二个月。但是由于谢烨坚持不肯签字，顾城才得以躲过一劫。事后不少评论者认为，如果不是谢烨的姑息，最后的惨剧未必就一定会发生。

不久，顾城得知英儿失踪，几近疯狂。如果说，谢烨之前的行为还是有真情也有苦衷的话,那么她在英儿失踪后的表现则显得不那么有必要了。她和顾城一起谴责英儿的"背叛",对媒体说:"为顾城杀人也愿意。"甚至还帮顾城设计了一个"追杀英儿"的荒唐计划。在此期间,她只做了一件正确的事,那就是由顾城口述,她用电脑打字录入,完成了前面提到的小说《英儿》,并把她亲手写给儿子的一篇十分动人的文章《你叫小木耳》附在了书后。

1993年9月24日,谢烨和顾城回到了激流岛。前面说过,这时的顾城面对绝境,已开始退缩,试图与现实世界妥协。他把原来为自己设计的结局,从自杀变成了离婚,并且宣称深爱他的儿子,要和那个曾被他一脚踢出家门的小木耳一起生活下去。然而,他的妥协来得太晚了。离婚的事,谢烨拖着不办,同时明确地告诉顾城,就是离婚,他也得不到儿子。此外,她还邀请大鱼到岛上来,最后这一点,她对顾城始终闪烁其辞。

顾城终于明白了,谢烨是要作他的"遗孀"而不是"前妻"。于是,他写下了遗书。

谢烨的计划几乎就要成功了。然而,智者千虑,终有一失。她做梦也没有想到,当得知大鱼很快就要上岛的消息时,"形而上"的顾城手中,出现了一把"形而下"的斧子……

按照顾乡的说法,谢烨直到最后的惨案发生前,对顾城的感情还是矛盾的——有爱情也有怨恨。我认为顾乡的说法有相当的真实性。

平心而论,自始至终,是顾城负谢烨,而不是谢烨负顾城,这也许就是关注此事的人们更多地把他们的同情给予了谢烨而不是顾城的原因。

应该特别强调的是：如果没有谢烨多年来在精神上、物质上和情感上的支持，就不会有我们今天所知道的诗人顾城和他的诗。

下面就要说说激流岛事件中的第三个当事人了。

顾城和谢烨叫她"英儿"，她比顾城小七岁，比谢烨小五岁。现在还活着。

我至今也不明白，为什么关注这一事件的人们，几乎是众口一词地谴责英儿，而且句句都是诛心之论。

可是在我看来，事件的三个当事人中，英儿是最弱势的一个了。

在激流岛上，顾城掌握着话语权，谢烨掌握着操作权，英儿则没有一丝一毫的权力，连个名分都没有。我不明白人们凭什么认为，93年初就已经离去的她，应该对数个月后岛上发生的惨剧负最大的责任。

如果说，她错在不该认识顾城并崇拜他，那也只能怪造化弄人，再加上诗人的魅力对一些"少不经事"并钟情于诗文化的女孩来说实在是太大了。可能有人对这种魅力不太理解，那我建议他不妨去看一看大约十年前，由孙周导演，巩俐和梁家辉、孙红雷共同主演的电影《周渔的火车》，现在音像店里还有的卖。

如果说，英儿不该在顾城夫妇离开中国后还和他们通信，难道通信也是错误？即使是错误，责任也应该由双方共同承担。

如果说，英儿不该来到激流岛，并充当了第三者的角色，那她也是应邀而来。以谢烨的聪明和她对顾城的了解，对于英儿上岛后可能发生的事情，她是不可能没有充分的心理准备的。（谢烨要是不想让英儿来，那再简单不过：只要什么都不做就行了。）

十几年后的今天，越来越多的人都明白了这样一个道理：在绝大多数情况下，第三者的出现，是一段婚姻出现问题的结果而不是原因。

而且不能不提到的是，英儿在岛上的那不长的岁月里，她和顾城的爱（情爱与性爱），是十分美好而动人的。同时，在安置小木耳的问题上，她也在一定程度上帮助了困境中的谢烨。

或许可以说，英儿所犯的最大错误，是她在惨案发生后，未能像另一个第三者大鱼一样，咬紧牙关，保持沉默。她试图为自己说话，这引来了更多的非议，人们指责她在说谎，更有人直言不讳地称她是"婊子"。

她的一个罪名，就是作为一个第三者，破坏了顾城和谢烨"美满幸福"的婚姻和家庭。我只能说，这样的指责不是由于无知就是别有用心。因为顾城和谢烨的婚姻，早在英儿来到激流岛之前就已经出现了无法弥合的裂痕。

英儿的另一个个罪名，就是在惨案发生后，试图用谎言来为自己开脱责任。

可谁又敢说自己从未有过谎言呢？

更何况谎言对于弱者，可以说是自我保护的最后一层甲胄。

在《魂断激流岛》一书里，英儿把自己在岛上的日子写成了一片愁云惨雾，让《英儿》的读者们简直无法相信这两本书写的是同一些人，同一段生活。这就产生了一个问题：哪本书更接近真实呢？

在我看来，两本书都是真实或基本真实的，只是由于两位作者在写作时间上的差异，才使得他们在描述同一段生活时，选择了几乎完全不同的事实与感受。《英儿》完成于惨案发生之前，书中除了对英儿的离去有一些怨恨之辞外，更多的是对在岛上共同生活的美好回忆，甚至于还有对已经离去的英儿的召唤。（细心的谢烨似乎注意到了这一点，于是她果断地关上了这最后一道幻想之门——她不允许顾城在书中过多地描述他与英儿在精神上的相互交融。）

而英儿在开始写《魂断激流岛》一书时，顾城和谢烨死去才五个月，在那样一片巨大阴影的笼罩下，活着的她，不得不把她在岛上的生活写得凄凄惨惨戚戚。

如果说，两本书的叙事角度都有所偏颇的话，我则倾向于《英儿》对岛上生活的描述更为真实。这不仅是因为顾城一贯为人诚实，而当时他也没有说谎的必要；还由于书中许多出自英儿口中的语言，活泼而生动，不像是别人——即使是顾城这样的语言天才——能够凭空编造出来的。（《英儿》下篇《按摩》一节中的大段对话，就是一个很好的例子。）

最后，我想说一说我对文中提到的那三本书的看法。

英儿的《魂断激流岛》，文笔不错，只是写得过于阴暗，其中自有苦衷，上面已经说过，这里就不再赘述。

顾乡的《我面对的顾城最后十四天》，是三本书中写得最为详实的一本，几乎没有丝毫的艺术夸张，基本上是属于纪实的那一种。文字也相当老道，把最后十四天发生在激流岛上的一些场景，十分生动地展现在读者面前，是关心"顾城事件"的人们绝对要读的一本书。不过在读这本书的时候，一定不能忘记一点：顾乡是顾城——而不是谢烨——一母同胞的亲姐姐。

三本书中，《英儿》无疑是其中的翘楚。这是诗人顾城所写的唯一的小说，而就是这部小说，更能让读者——至少是我，——折服于顾城头上那天才的光环之下。（记得好像是海明威，每次看到好文字后都会说："真希望这是我写的。"）

作者把《英儿》分成上下两篇，我则按照内容把这本书分为如下三部分：

一，由于英儿的离去而感到的痛苦乃至绝望。这一部分文字基本上是诗，孔子说《诗经》"哀而不伤"，顾城的文字却是"既哀且伤"，是伤心裂肺的"泣血之作"。

二，在激流岛上与英儿的性爱。我想，凡是尝试着写过性爱的人都知道，要把这样的文字写好是一件很不容易的事。而顾城的这一部分文字写得很美。就连自称"我是流氓我怕谁"的作家王朔也难得地放下"流氓"的身段，说顾城"写性写得比较好。"（见王朔《美人赠我蒙汗药》）

三，岛上的日常生活。本来，岛上的生活因为人物关系非同寻常，本应是充满张力的。但在顾城笔下，却显得相当轻松愉快，就连辛苦的劳作，也充满乐趣，以至于读者会觉得岛上的生活十分美好动人。古代文人早就有过"愁苦之言易巧，欢愉之辞难工"的说法，而顾城的这一部分文字，恰恰就是"难工"的"欢愉之辞"。对日常生活轻松自如而又美好动人的描述，在中国当代文学中，难得一见，在古典文学中，也只是在《红楼梦》里出现过。

作为"篇外"附在《英儿》书后的《你叫小木耳》，是谢烨写给儿子的。三万多字的一篇小文章，写得凄美动人。谁又能想到，就在几个月后，当顾城和谢烨的这些文字成书出版的时候，五岁的小木耳却已经没有了父母……

英国诗人拜伦在《唐璜》一书中曾引用了一句西方谚语："为神所爱的人死得年轻（WHOM GODS LOVE DIE YOUNG.）。"

关于顾乡的
《我面对的顾城最后十四天》

我在《我对顾城事件的解读》一文中，提到顾乡的《我面对的顾城最后十四天》（以下简称《十四天》），并说这是关心顾城事件的人们绝对要读的一本书。

《十四天》详细记述了从1993年9月24日顾城和谢烨回到激流岛到10月8日顾城杀妻自杀这十四天中发生的事，特别是当事人的一些行为和对话，对于了解顾城事件是非常有价值的第一手材料。

顾乡和名满天下的顾城不同，素无文名，相当低调。唯有这本《十四天》是个例外，而且称得上是"厚积薄发"，一出手就令人刮目相看。

我之所以这么说，不仅仅因为《十四天》一书与顾城事件紧密相连，还由于这本书的文字本身就不同凡响。绝不是凡夫俗子所能为。

《十四天》中的人和事，作者平铺直叙，娓娓道来，就连语气助词，也用得准确到位，使读者如闻其声。

在那十四天里，顾乡每天都见到顾城和谢烨，听他们对话，与他们交谈，和他们一起吃饭，一起出行。直至最后亲眼目睹了惨剧的发生······

因此，对于这最后十四天，顾乡也就具有了他人不可企及的描述、分析和解释的权力。

可是问题恰恰就出在这里。

如果一个事件，只有一个人具备描述、分析和解释的权力，那么这种权力就不可避免地会演化成为一种话语霸权，即：只有我说的才是正确的。

我相信《十四天》中的描述是真实的，但是我对于作者的分析和解释，却有所保留。

首先，作者的立场并不像她希望读者相信的那样公正。

最早让我有这种感觉的，是书中9月30日的一段记述。顾城和谢烨前一天去奥克兰办事，晚上住在一个朋友家里。第二天上午，作者和谢烨通电话时，问到朋友的两个孩子，谢烨答"又漂亮又懂事。"

而下午回到岛上时，谢烨却又说那两个孩子"能教得好吗？""当着人家能说人家的孩子不好吗？"

这一段记述相对于作者在整本书中对谢烨的赞誉，显得很不协调，而且与此前此后发生的那些事也没有任何直接或间接的关系。那么作者为什么会在书中放进这样一段文字？是闲笔么？是败笔么？都不是，那是什么呢？明眼人一看便知。

由于这本书写于谢烨死后不过数月，有读者就因此而认为作者不够厚道。但是在我看来，这已经不是厚道不厚道的问题了。套用一句文革中的常用语：这不是态度问题，而是立场问题。

于是，一系列问题随之出现。

根据作者的记述，10月8日，顾城对她说的最后一句话是："我把谢烨给打啦。"之后作者一再强调这个"打"字。而我当时就对这个"打"字感到疑惑。先不说"打"和"杀"这两个字在汉语发音中十分近似，只要想想顾城一贯的为人，特别是他对谢烨的感情，难道他就能眼看着谢烨重伤倒地，不仅不施救，反而转身离去？哪来这么大的仇恨，竟使他如此冷酷？况且按照作者的描述，顾城在伤害谢烨之后与她在家中相遇，还是她发问在先，顾城才指示了凶案现场的方向。而且他们的相遇，也不是必然的，作者完全有可能不在家。那么谁去救谢烨呢？

抢救流血的伤者，最重要的就是时间，这不是医学常识，而是生活常识。平日谢烨手上划破个口子都会心疼的顾城，此时此刻，却置血流不止的谢烨于不顾，实在令人难以置信。

所以我想，顾城的行为只能有两种解释：

一、 他认为谢烨的伤势并不严重，不需要救治。

二、 他认为谢烨死了，已经没有救治的必要。

说到这里，我们再回到前面提到的那个问题：顾城说的到底是"打"还是"杀"？

对此，我至今还难以下定论。

《十四天》的作者发现顾城的遗书，已经是惨案发生两个半月之后的事了。

作者从遗书中得出了一个结论，即：顾城在写遗书时（惨案发生前约三小时，）并无伤害谢烨的想法。其根据是：顾城在遗书中指定由儿子继承他的房子。如果他已经准备杀死谢烨，那么房子自然会由他们的儿子继承，用不着在遗书中特别注明。

对此，我只能说，这样的立论是很勉强的。

对于新西兰的法律，我一无所知。我只知道中国有关继承的法律是这样规定的：夫妻双方的婚后财产为共有财产，任何一方都无权单独处置。我假定新西兰也有类似的法律条款（相对于中国法律而言，新西兰的法律应该像大多数欧美国家一样，更注重保护妇女的权益），因此顾城是无权单独处置他和谢烨的共有财产的。所以《十四天》作者所提到的顾城遗书中的那一特别指定，除了说明顾城对法律的无知以外，什么也证明不了。

比起《十四天》作者的说法，不少读者就顾城遗书提出的问题相对而言更合乎情理：为什么四封遗书里，没有一封是写给谢烨的？这是否说明顾城在写遗书时已经决意要在自杀前杀死谢烨了？

对此，我再一次难下定论。

说句心里话，虽然我这篇文章的主旨是要挑《十四天》及其作者的毛病，可我还是认为这是本难得的好书。因为我觉得《十四天》可以说是《英儿》相当不错的一个续篇，就像高鹗续《红楼梦》的那后四十回一样。

高鹗与曹雪芹素昧生平，而《十四天》的作者却是顾城的亲姐姐。

身为顾城的姐姐，亲眼目睹了弟弟的死亡，试图为被人说成是"杀人犯"的弟弟减轻罪责，同时借此给身心皆处于巨大痛苦中的父母以些许宽慰，也在情理之中。

然而，这本书对于被她弟弟杀害的谢烨是否公平，让同样处于巨大痛苦中的谢烨的父母如何面对，似乎就不在作者的考虑之中了。

关于谢烨

如果我们相信顾乡《我面对的顾城最后十四天》（以下简称《十四天》）一书中的记述是真实的，那么不管我们愿意不愿意，都只能得出这样一个结论：谢烨是整个激流岛事件的设计者和操作者。只是因为过于自信，认为顾城不会伤害她，才最终死在顾城的斧下。

"机关算尽太聪明，反算了卿卿性命。"这两句话本是用来形容王熙凤的。而谢烨在美丽、聪明、能干并且敢干这些方面绝对不输给王熙凤。不过她们的相似之处到此为止，在其它方面，两人的为人处世则大相径庭。凤姐爱钱，谢烨爱才；凤姐狠毒，谢烨善良；凤姐嫉妒，谢烨宽容。凤姐"明里是一盆火，暗里是一把刀"，谢烨则明里暗里都是一盆火，温暖着她身边的每一个人。

这样一位美好的女性，怎么会成为一个悲剧事件的设计者和操作者呢？

这还要从她与顾城的关系说起。

谢烨和顾城初次相识是在火车上，相恋四年之后结婚。他们的婚姻到惨案发生时已经持续了十年，还有了一个五岁的儿子小木耳。

对于他们婚后生活的描述，无论是在与之相熟的朋友们笔下，还是在他们合作（顾城口述，谢烨打字）完成的小说《英儿》中，基本上都是一致的：谢烨对顾城的照顾无微不至。谢烨不在身边，顾城甚至连自己的袜子都找不到。

顾城只上过五年小学。文革开始后。，他在干校放了五年猪，回到北京又干了五年木匠活，文革结束后不久，便脱颖而出，成为当时诗坛上冉冉升起的一颗新星。顾城自己在《英儿》一书中写到，他是因为追求谢烨时，"写出大量情深意切而又话语颠倒的篇章，从而变成了一个诗歌流派的重要诗人。"说得直白一点儿，是对谢烨的爱，成就了这位天才诗人。

有人或许会问：天才不就是天生之才吗？怎么还要别人来成就？

其实，这世上的天才并不像我们想象的那样稀少，只不过是能够成就天才的人不多。

所谓"千里马常有，而伯乐不常有。"就是这个意思。

没有人能够否认，顾城和谢烨之间爱情的初始阶段是非常真挚而美好的。但是，顾城正如他自己所说的那样，"是一个任性的孩子"。结婚之后，谢烨渐渐发现，她不仅要做一个妻子，还要做一个母亲，细心照料好这个"任性的孩子"。

谢烨无愧是一位"伟大的女性"，为人之所不能为，以她博大的胸怀，义无反顾地承担了这一亦妻亦母的责任。

在他们婚姻生活的前半段，谢烨对顾城的爱使她毫无保留地付出了顾城要求她付出的一切。

刚来到激流岛上的时候，他们的生活非常艰苦。那里没有电，没有自来水，生活中的一切几乎都要靠自力更生。自己挖蓄水池，自己建厕所，自己种菜，自己养鸡……而面对这一切，从小到大一直生活在城市里的谢烨，不仅吃苦耐劳，而且毫无怨言。

就在这时,一个真正需要她母爱的小生命来到了这个世界上——小木耳降生了。

身为父亲,顾城对儿子的降生感到的不是喜悦,而是困惑和恼怒。

顾城的理想是在人间建立一个伊甸园,而夏娃可以是复数,亚当则只能有他一个。出于这种理念,他把小木耳视为他的伊甸园的一个入侵者,不但没有父子之情,甚至不愿和儿子生活在同一屋檐下。

谢烨实在是太难了。对于她来说,身边有两个男人,一个是孩子,另一个也是孩子。一个无知,一个任性。无知的不懂事,任性的不讲理。

谢烨在这样的困境中苦苦地挣扎了两年,终于无奈地把小木耳寄养在了一位毛利老太太家中。每当谢烨去看望儿子,那位毛利老太太还会不时地批评她没有尽到作母亲的责任。

这件事使得她和顾城的婚姻出现了第一道、也是最深的一道裂痕。随着时间的推移,裂痕化为深渊,最终吞没了这两个年轻的生命。

如果谢烨只是一个普通的女性,那么她多半会带着儿子,离开丈夫,一走了之。但是谢烨却没有这样做。她知道顾城离不开她,她不想让这个天才诗人因为自己的离去而就此垮掉。所以,当问题刚一出现,聪明能干而且敢干的谢烨,就走了一步险棋。她和顾城一起,向远在北京的一个女孩英儿发出了邀请。这位英儿,在他们离开中国前,就曾当着谢烨的面,和顾城互相表白过爱意。并在他们离开中国后,一直和他们保持着信件往来。

谢烨为英儿办好了一切相关的手续，英儿如期而至。

英儿上岛之后不久，便与顾城共坠爱河。而就连他们做爱时所用的避孕套都是谢烨提供的。

谢烨为什么能够如此冷静地面对这一切，其中的原因在惨案发生后一度众说纷纭。有人说这是谢烨想借此显示她的大度和宽容，有人说这是谢烨屈从于顾城淫威之下的无奈之举。还有人说这是谢烨缺乏现代女性独立人格的表现。

我认为，这些说法听上去都有一定道理，但是也都失之于偏颇。在我看来，另一种说法似乎更加可信，也更符合谢烨的性格和她当时的心理。这种说法认为，谢烨之所以有这样的做法和态度，是因为她希望英儿能够取代她的位置，使她得以带着儿子，从容脱身，而顾城也不至于因此垮掉。

可是谢烨没有想到，顾城在与英儿双宿双飞之际，并没有减少对她的依赖，并且把她和英儿都视为自己的妻子。这使我想起前些年读过的一本《杰奎琳传》。其中说到，当美国总统约翰·肯尼迪带着妻子杰奎琳访问法国时，对欢迎他的法国民众是这样作自我介绍的："我就是那个陪伴杰奎琳一起来到巴黎的男人。"（年轻美丽的杰奎琳让当时的法国总统戴高乐都看呆了。）尽管拥有这样一位妻子，肯尼迪还是在外面不断地搞女人。这位传记作家写道："肯尼迪并非不爱杰奎琳，他只是不能忍受一夫一妻制而已。"

美国的杰出总统与中国的天才诗人在这一点上居然不谋而合。

在《英儿》一书中，顾城直言不讳地否定了一夫一妻制。

因此，他并不认为自己需要在谢烨和英儿之间做出一个选择。"你们是我的妻子，我爱你们，现在依然如此。"这就是《英儿》一书的卷首语。

面对这样的局面，谢烨心中的纠结，可想而知。但就是在寻找进一步解决办法的同时，她也没有忘记关心帮助她身边的每一个人——包括她丈夫的另一个妻子。

就在谢烨进退两难之际，德国的一个文化基金会向顾城发出了邀请，并准备为顾城提供一笔写作经费。谢烨非常高兴，觉得这是一个难得的机会。她希望能和顾城一起，带着小木耳，一家人同赴德国。可顾城的态度却是"英儿去我才去。""木耳要去我就不去。"夫妻二人为此争执不下。最后，由于谢烨的坚持和英儿的劝说，顾城总算是让了一步，同意和谢烨一起去德国一年，英儿和小木耳则留在岛上。

小木耳可以继续和那位毛利老太太一起生活，但是英儿怎么办呢？谢烨思之再三，在离岛前，对英儿作出了"你走了我才知道怎么办"的暗示，并说："如果我们回来时，你还在这儿，那我认命。"

谢烨和顾城一同离开激流岛，来到德国。在小岛上经历了将近四年艰苦生活的谢烨，终于又一次呼吸到了现代都市中的空气。（对于顾城而言，只要有谢烨在身边，哪儿的空气都差不多。）

来到德国后时间不长，谢烨就有了一个狂热的追求者——同样来自中国大陆的流体力学博士大鱼。而谢烨对大鱼也产生了感情。一天，两人私下里的交往被顾城在无意中发现，夫妻间发生了激烈的争吵。顾城第一次对谢烨动了手，掐了她的脖子。这事惊动了邻居，邻居报了警。警方认为顾城有暴力倾向，要把他送进精神病院，为期三个月。这时，身为受害者的谢烨又一次挡在了伤害她的顾城身前，由于她坚持不肯签字，顾城才得以逃过一劫。

这件事过去后不久，此前一直和他们保持着通信联系的英儿，忽然没有了音讯。当顾城得知英儿和一个在岛上教气功的洋人老头一起失踪时，精神几乎崩溃，他寻死觅活。又是谢烨像母亲一般抚慰了顾城，对他说："你要死，也等把书写完再死。"谢烨所说的"书"，就是后来人们读到的小说《英儿》。当他们回到激流岛时，这本书已经脱稿，正在联系出版。

谢烨和顾城返回激流岛后的种种矛盾与冲突，以及后来惨案发生的经过，顾乡在《十四天》一书中，已经作了十分详尽的描述，这里就不多说了。

之前我写的《我对顾城事件的解读》一文，放在了一位朋友的博客上。由于这位朋友博客的点击率很高，所以我那篇文字也引来了不少网友的评论。而其中有些声音是我不愿意听到的。所以，我想在此就两个个问题谈谈我的看法。

一， 如果谢烨真是一位贤妻良母，那她又怎么会成为那样一个悲惨事件的设计者和操作者呢?

我想，首先，我们应该把动机和结果区分开来。

谢烨的动机绝非是要制造一起惨案。只是当她发现丈夫容不下儿子的时候，她才想到要带着儿子离开丈夫。而心地善良的她，却又不愿意因此就把顾城这位天才诗人毁掉。

于是她请来了英儿，希望这个同样为她丈夫所爱的人能够取代她的位置。可没想到顾城把她和英儿都当作自己的妻子，哪一个也不打算放弃。同时，顾城对儿子小木耳的态度则越来越恶劣。一天，小木耳正在玩耍，顾城一脚就把才两岁的儿子从沙发上踢了下去。英儿抱着大哭的孩子跑出门外。

谢烨绝不想让这样的事情再次发生。她让英儿带着顾城住到了另一所房子里。自己则费尽周折，把小木耳寄养在一位毛利老太太家中。

面对这样的困境，谢烨不能不寻找下一步的解决办法。

可以这么说：谢烨的每一步的设计和操作，都是性情乖戾的顾城逼出来的。

二，**在回到激流岛的那最后十四天里，谢烨真的是想要顾城死吗？顾城的姐姐顾乡是这样认为的，我也是这样认为的。**

虽然谢烨在那最后十四天里，确实说过她并不想让顾城死，打算和大鱼一起支持顾城继续写作之类的话。但是她也不止一次对顾乡说："我能承受他（顾城）死，不能承受他活。"而且她在岛上的一些作为（详见顾乡《我面对的顾城最后十四天》），如果不是想要顾城死，则很难做出其他更合理的解释。

这里应该特别说明一下，谢烨想要顾城死，并非只是顾乡的一家之言。在返回激流岛之前两个月，谢烨在写给父亲的一封信中就曾出现过这样的话："我现在甚至觉得谁杀了他我马上就会爱上谁。"

那么，谢烨为什么一定要顾城死呢？

原因只有一个字：爱。

他们曾如此相爱。

爱和死就像是一对连体姐妹，一个出场，另一个也绝不会缺席。

顾城对"爱与死"这个问题悟性非常高，他的死亡理念仅在《英儿》一书中就出现过很多次。

然而，真正要去自杀，需要的不仅仅是悟性和理念。

小说里的顾城自杀了，现实生活中的顾城却不想死。他说他梦见了小木耳，说他爱小木耳，说他要和小木耳一起生活下去。

对此，谢烨的回应只有两个字："晚了。"

顾城说死至少说了十年，而且每一次都说得非常到位。可是如今面临绝境，该死不死，却像深山里的白毛女一样，唱出了一句"我不死，我要活！"实在令人大跌眼镜。

"任性的孩子"忽然改邪归正，想要成为一个"为了理想而卑贱地活着"的"成熟男人"。

心中爱恨交织的谢烨不能接受这种变化。

我仿佛看到，谢烨的手指向蔚蓝色的天空，对顾城说："看，那就是你向往了十年的地方。现在你可以去了。"

当初，是谢烨成就了这位天才诗人；如今，又是谢烨，为这位天才诗人的一生划上了句号。只是她没有想到，这个句号同时也结束了她自己年轻的生命。

这让我不由得想起早年读过的一本《海明威传》，其中讲到海明威在一战结束后，曾在巴黎和一位年轻的女雕塑家有过一夜情。两年后，海明威从报纸上得知，那位年轻的女雕塑家自杀身亡，她的遗书只有一句话：

哥特人的头颅在被击碎后才显得更美。

英儿

对于要不要写一篇关于英儿的文字,我一直犹豫不定。因为她还活着,完全可以为自己说话,我大可不必越俎代庖。

不过在看了网上对我《解读》一文的评论之后,我还是决定写。是我的文字引起了对英儿新一轮的攻击,对此,我问心有愧。

有网友问:英儿在顾城事件发生时,已经三十岁了,怎么就成弱者了呢?

我想,是不是弱者,与年龄性别无关。应该注意的是她(或他)在权力关系中的位置。

权力无处不在,即使是小小的激流岛上,也存在着错综复杂的权力关系,而英儿的确是处在最弱的位置上。所以我认为,在惨案发生后,人们对她的指责是非常不公平的。

究其原因,不外乎男尊女卑的传统观念至今对人们的思维方式与价值判断,还有着不可忽视的影响。

暂且不论英儿和顾城之间,是否曾有过真挚美好的爱情。就算是英儿为了某种目的,出卖了自己。也不应该受到如此恶毒的攻击。

鲁迅说过,如果一定要把女人分为"母妇"和"娼妇",那么男人也应该分为"父男"和"嫖男"。

有"买"才有"卖",有需求才有市场。

还有人在对夫妻关系的心理分析中,发现了这样一个现象:夫妻双方,如果是妻子有了婚外情,那么绝大多数丈夫会认为是自己的妻子太骚,勾引了外面的男人。相反,如果是丈夫有了婚外情,那么绝大多数妻子会认为是外面的女人太骚,勾引了自己的丈夫。总之,婚外情一旦出现,受到谴责的总是女人。

前些年,就有过这样的新闻:一个男生认为他的女友(与他同在一所学校里学习的一个女生)跟他们的一个老师关系暧昧,于是暴打了他的女友。

当时我就感到很不理解:这位男生为什么要打他的女友,而不是反过来去打他的老师呢?

如今总算想明白了,即使是八零后的年轻人(至少是年轻男人)中,也有相当一部分人的思维方式与价值判断,还停留在鲁迅时代,甚至更早。

我想,如果骆宾王复生,再写出一篇《为顾谢粉丝讨英儿檄》来,一定会受到时下许多网友们的激赏。

当年,激流岛上的惨案发生,《英儿》一书出版,英儿一时成为众人瞩目的人物。就在指责、攻击、谩骂铺天盖地而来之时,一个人挺身而出,置自己的隐私于不顾,挡在了英儿与那些卫道士们投来的石块之间。这个人就是英儿的初恋情人、比她年长三十岁的诗人刘湛秋。

我们可以不喜欢刘先生的相貌,不喜欢他的诗,不喜欢他拈花惹草的习性。然而他在这一时刻表现出来的勇气和担当,不愧为一个堂堂男子。在这一点上,顾城不如他。

英儿在《魂断激流岛》之后,前些年又出了一本书《爱情伊妹尔》。这本书我没读过，只听说英儿现在否认她曾爱过顾城。对此，我不想太认真。她有她的隐情，她有她的苦衷，她还要继续生活下去。我只能祝她健康快乐，万事如意。

不过，英儿在我心目中，将永远是那个激流岛上的北京女孩儿。

注：本文写于2012年。英儿在离开新西兰后，隐居澳大利亚，并与她的初恋情人刘湛秋结婚，几年前因癌症去世，终年五十岁。

最后的话

不少网友对我至今还在关注激流岛事件感到不解。他们觉得，这件事已经过去了将近二十年，当时失去生命的也只不过是一对年轻夫妇而已，何况事件发生的地点距离中国万里之遥，现在还念念不忘，有病啊你？

我确实有病，十年抑郁，半年躁狂，五脏六腑就更不能提了。就像侯宝林相声里说的：一辆自行车，除了铃不响，哪儿都响。一组关于激流岛事件的文字，就是这辆自行车发出的响声。

让我感到欣慰的是：这些网友虽然不认可我的观点，可他们毕竟读过了我的文字。我想，吸引他们眼球的，应该是"顾城"这个名字。或许他们都读过顾城的诗，"黑夜"、"眼睛"、"光明"什么的。

其实，顾城是一个极端自私的个人主义者，根本就没有想过要为"一代人"立言。所谓"寻找光明"不过是随口说说，后人却认真了。

我之所以对激流岛事件如此关注，就是因为在这一事件中，复杂而矛盾的人性，体现得淋漓尽致。在今天这个为资本所统治的世界上，没有经过商业包装的人性，已经十分罕见了。

很多人或许没有读过顾城的诗，但是都知道顾城这个人，知道他杀死妻子后自杀,使他们五岁的儿子小木耳一夜之间失去了父母。

一把斧子,两具尸体,一个孤儿,再加上四位悲痛欲绝的老人。这样的场景,使人们很难在震惊、悲愤、怜悯之外,还能有什么其他的感觉。

时光流逝,多数人自觉不自觉地选择了忘却。不过还是有少数人,始终关注着这个悲惨的事件,并从中发掘出了新的感觉,新的认识。

我就是这少数人中的一个。

现在,我可以这么说:激流岛事件,是一个凄美动人的爱情故事,是莎士比亚悲剧的中国现代版。

奥赛罗杀死了苔丝德蒙娜;顾城杀死了谢烨。

奥赛罗和顾城,杀死妻子的起因是一样的:认为妻子背叛了自己。

他们杀死妻子之后的结局也是一样的:自杀身亡。

不过,时代不同了,身份也不一样。

奥赛罗是军队的统帅,其实没人敢打他老婆的主意。

顾城是个诗人,诗人年轻美丽的妻子,则人人都想染指。

谢烨说过:"顾城的朋友一个个都爱上我了。"

我们有理由相信她的话。

俄罗斯最伟大的诗人普希金,在与一个追求他妻子的法国青年决斗时,中弹身亡。

顾城也曾要跟谢烨的追求者大鱼决斗,但是被大鱼礼貌地拒绝了。显然,他比顾城更清楚地知道自己生活在什么时代。

顾城和谢烨在激流岛上生活了四年,其中有二十个月是与英儿一起度过的。

二十个月，三个人的生活，在《英儿》一书里被描绘得非常美好动人。难怪顾城在接到去德国写作的邀请时，会对这个要靠自己辛苦劳作才能生存的小岛恋恋不舍。了解了这一点，才能对顾城在得知英儿失踪后的表现有所体会。

然而，我对此还是有过困惑。

在《十四天》里，顾城对顾乡说到英儿的离去和谢烨的即将离去对他的打击，他说：如果前者是一，后者就是九十九。

这就让我不明白了：英儿的离去，只不过是少了一个"一"，当时"九十九"还在，顾城就寻死觅活，诗人的神经何至于如此脆弱。

当我开始写《解读》一文时，在网上查到一些关于顾城的文字，其中有个说法，完全出乎我的意料：顾城竟然是个禁欲主义者！

当然，顾城的禁欲主义绝对不会是百分之百的，否则小木耳的存在就不好解释了。

顾城曾经说过，谢烨是他造就的。那么，顾城在造就谢烨的过程中，想必也把自己的禁欲主义作为不可缺少的添加剂强加在了谢烨身上。

这个说法并非一家之言，在《十四天》一书中，顾乡就说到，谢烨对性爱是"一贯抵制"的。

这时我才终于明白了英儿对于顾城的重要性。

英儿是一个充满青春活力、"管不住自己身体"的女孩，她用她的整个身心，给予了顾城一个自我救赎的可能性。

而在英儿离去后，这个可能性也就随之消失。

英儿在顾城死去后数月，陆续写了《命运的劫难》和《魂断激流岛》，里面都说，她和顾城的第一次性接触，是顾城强暴了她。而顾城在其生前所写的《英儿——初夜》一节中，倒也并没有刻意回避"强暴"两个字，只是说，英儿"喜欢有点暴力"。（英儿有没有这样的爱好，她自己说了才算数。不过据我所知，现实生活中，"喜欢有点暴力"的女性不在少数。）

同一事件的当事人，对事件有不同的说法，这再正常不过了。一个事件受到的关注程度越高，不同的说法就会越多。

对于一个已经成为过去的事件，五花八门的说法与议论，常常令人感到困惑，不知道真相究竟是什么。其实，当你面对这些让人眼花缭乱的表面现象感到无所适从的时候，就在你的身后，事件的本质已经悄然出现。

"众里寻他千百度，蓦然回首，那人却在，灯火阑珊处。"

那么，激流岛事件的本质是什么呢？

不同的人会有不同的感受和认识。

我在这一事件中看到的是人性，复杂而矛盾的人性，在痛苦中挣扎的人性，美得让人心碎的人性。

的确，人性中不可避免地会有丑陋的一面，然而，在激流岛上，这些丑陋，都已被泪水和鲜血冲刷得干干净净。

剧作家尤涅斯库曾用这样一句话结束了他《作家及其问题》一文："闭上眼睛，我眼前是一片黑暗；换言之，是一片炫目的光明。"

后 记

竺风

老李的文笔极好。我称之为"文学素描大师"。他擅长用最简练的、简单、明确的文字，把很复杂的事情说清楚。而且因为有条理和动态，也很吸引人。

他的这些文章，有一半和顾城有关。说实在顾城的行为让我反胃。我想探讨一下，为什么老李这么在乎顾城？

或许性格相似吧。什么地方相似？在压力和限制的状态中，他俩都能比较自在。比如顾城在文革中，在干校放猪。干校那种环境，早请示晚汇报，天天读时时听。有人受不了，他的诗却很恬静。虽有淡淡的伤感，却能欣赏花草风云。但是在文革后，在激流岛，最自由的地方，却感受各种巨大的压力。

干校里你能想的事儿不多。吃，有食堂，食堂做啥你就得吃啥。住，大家都住分配的简陋的宿舍。你想改善也没用。也就是说，那是个有压力，但是低竞争的环境。

一旦有了自由，也就有了很多可能。也就有了比较和竞争。你如果不努力，或者没运气，或者没"才能"。就被人家比下去，你就成撸者(loser)。女人说"撸者"这个词的神态，很可怕的。这就是压力。

在干校大家都是撸者。撸者之中的赢者，就是能在撸的状态下恬然自得。因为只有这样才能活得长。你要成天愤恨或痛苦，死得很快。你就是撸者中的撸者。

顾城就是撸者中的赢者。

老李在这方面和顾城类似。

2

另外，老李和顾城在心理上还有相似之处。就是"母系眷恋"。这个概念需要解释：

人类进化过程，大约几百万年。其中前几百万年处于母系社会状态。就是群居，混交，这时候人少地广，人类互相没啥可争抢的，倒是必须有其他部落和自己婚配。这是和平的世界，也是共产主义的原型。

这也是个低竞争的环境。部落成员都吃一锅饭。住差不多的帐篷。或者，混住在山洞里。

几百万年的母系社会，让人的心底里，都有对这种生活的向往。当然，如果母系社会，还能有好吃好喝，那就更好，那就是共产主义。

大约七千到四千年前，人类进入父系时代。这个时代竞争激烈，而且残酷，其内容就是杀男抢女。其代表人物就是成吉思汗。他说人生有三大乐事：破人城池，夺人财宝，奸人妻女。他少说一句，就是"杀人父子"。我们父系祖先，都是大小成吉思汗。因为其他人都被这号人杀掉了。

所以每个人的心理，从遗传上就有"父系、母系"双重特性。体现在现实生活中，就是家里女性说了算，在外面男人互相竞争。当然现在女性也参与竞争。所以，对男人更难。

也在近几百年间，人类对社会主义，共产主义，十分向往，甚至为此付出生命，可以看成是对"母系社会"的向往被复活了。之所以被复活，是因为父系社会的竞争太激烈，也相当残酷。

激流岛实际很像顾城放猪的干校。他进驻激流岛，可能以为那是个低竞争环境。那里确实是这样。他们几个过着好像母系社会的生活，混交，吃喝不愁，但是，可惜，并不能躲过世界范围的竞争。

顾城在干校写诗，写出了国际声誉，外国给他签证，大学请他讲课。他在当时，应属于中国最成功的人，也就是说，他赢了。赢了才能去激流岛。

但是渐渐他的赢面在减少。因为出去的很多中国人，上学挣钱。也发达了，另外，外国人也和他竞争。他可能不在乎，但是其他人在乎。

也就是说，在第二轮，或第三轮竞争中，顾城输了。敏感的他，听到了别人没说出口的"撸者"。

我们说过，人心底里有两种东西，母系倾向和成吉思汗。激烈的竞争环境，会激发人们的成吉思汗倾向。

所以竞争失败的他，做出了成吉思汗那会儿很牛 X，现在很反胃的行为。

3

老李在激烈的竞争环境中，也输了。说实在，连耶稣都是被钉死的，谁能不输。笔者也是撸者。但是，现在吃穿不愁，家庭和睦，和共产主义就差一个"混交"。据查，即使在母系社会，混交也是年轻人的勾当。笔者已经老了。

所以，老李活得不错。虽然也有一度躁动，一度酗酒。但是，我们知道很多成功人士和高级将领，也喝死了。所以，酗酒和撸不撸没大关系。

所以老李是成功者。他活着并学习着，而且进步着。不停地写作。练就了大师级的文笔。过着"茶羌变马"（酥油茶和青稞酒轮着喝）的生活。我看过顾城的英儿，并不喜欢。那是个"桶形的故事"。那就是在桶里哗啦哗啦，翻滚打转，然后库隆隆，都进去了。这是以前村社生活的故事。而现在已经全球化。人们的生活是发散的。顾城和朋友的生活实际是发散的。但是他不能理解，更不能掌握、承受、描写这种发散。

但是对于老李来说，顾城那种故事的结局，和结局之后的伸延，和伸延之后的衍生品，和那些轰隆隆，哗啦啦，都看到了。所以，老李要写的东西又多，又深，关系错综复杂。能写明白而且吸引人，实属不易。

他曾是生活的撸者中的赢者。如今是写作中的赢者中的撸者。赢是因为他写得好，撸是因为没被"世人承认"——要那玩意儿做什么？

鸣　谢

在这里，我要感谢几位朋友。

首先是我的老朋友薛必群先生，是他鼓励我再次写出对往事的回忆。

还有就是宫竺风先生，他写的《后记》使这本小书有了一条豹尾。

另外还有李银河女士，是她把《我对顾城事件的解读》一文放在了她的博客上，引来了数百条评论，才会有我之后的四篇回应文章。

最后，我要特别感谢李维华女士，这本小书能和读者见面完全得力于她的辛苦劳作。顺便提一句，她就是当年那个"除了吴彰外唯一亲眼看到死去的小彦的女孩子。"

Copyright ©2020 by Asian American Today, Inc.
All rights reserved. No reproduction or translation of this book may be made without written permission of the author.

版权所有，没有作者书面授权，任何人不得以任何方式复制或以任何语言翻译本书。

封面设计：程怡

回忆与散论

李之林

《亚美导报》出版　　Asian American Today, Inc
Indianapolis, Indiana, United States of America
www.yamei-today.com
IngramSpark
Amazon.com　&　aatodayin@gmail.com
印张 5.5 X 8.5 英寸　字数 66,413
2020年10月第一版，2020年10月第一次印刷
ISBN：978-1-942038-10-8
LCCN：2020917487

定价：$15

www.ingramcontent.com/pod-product-compliance
Lightning Source LLC
Chambersburg PA
CBHW030153100526
44592CB00009B/254